PLANO DE NEGÓCIOS
SEU GUIA DEFINITIVO

O GEN | Grupo Editorial Nacional – maior plataforma editorial brasileira no segmento científico, técnico e profissional – publica conteúdos nas áreas de ciências sociais aplicadas, exatas, humanas, jurídicas e da saúde, além de prover serviços direcionados à educação continuada e à preparação para concursos.

As editoras que integram o GEN, das mais respeitadas no mercado editorial, construíram catálogos inigualáveis, com obras decisivas para a formação acadêmica e o aperfeiçoamento de várias gerações de profissionais e estudantes, tendo se tornado sinônimo de qualidade e seriedade.

A missão do GEN e dos núcleos de conteúdo que o compõem é prover a melhor informação científica e distribuí-la de maneira flexível e conveniente, a preços justos, gerando benefícios e servindo a autores, docentes, livreiros, funcionários, colaboradores e acionistas.

Nosso comportamento ético incondicional e nossa responsabilidade social e ambiental são reforçados pela natureza educacional de nossa atividade e dão sustentabilidade ao crescimento contínuo e à rentabilidade do grupo.

JOSÉ DORNELAS

PLANO DE NEGÓCIOS
SEU GUIA DEFINITIVO

3ª edição

- O passo a passo para você planejar e criar um negócio de sucesso
- O único livro de PN que você vai precisar

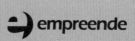

- O autor deste livro e a editora empenharam seus melhores esforços para assegurar que as informações e os procedimentos apresentados no texto estejam em acordo com os padrões aceitos à época da publicação, *e todos os dados foram atualizados pelo autor até a data de entrega dos originais à editora.* Entretanto, tendo em conta a evolução das ciências, as atualizações legislativas, as mudanças regulamentares governamentais e o constante fluxo de novas informações sobre os temas que constam do livro, recomendamos enfaticamente que os leitores consultem sempre outras fontes fidedignas, de modo a se certificarem de que as informações contidas no texto estão corretas e de que não houve alterações nas recomendações ou na legislação regulamentadora.
- Data do fechamento do livro: 05/01/2023
- O autor e a editora se empenharam para citar adequadamente e dar o devido crédito a todos os detentores de direitos autorais de qualquer material utilizado neste livro, dispondo-se a possíveis acertos posteriores caso, inadvertida e involuntariamente, a identificação de algum deles tenha sido omitida.
- **Atendimento ao cliente: (11) 5080-0751 | faleconosco@grupogen.com.br**
- Direitos exclusivos para a língua portuguesa
  Copyright © 2023 *by*
  Editora Atlas Ltda.
  Uma editora integrante do GEN | Grupo Editorial Nacional
  Travessa do Ouvidor, 11
  Rio de Janeiro – RJ – 20040-040
  www.grupogen.com.br
- Reservados todos os direitos. É proibida a duplicação ou reprodução deste volume, no todo ou em parte, em quaisquer formas ou por quaisquer meios (eletrônico, mecânico, gravação, fotocópia, distribuição pela internet ou outros), sem permissão, por escrito, da Editora Atlas Ltda.
- A 2ª edição foi publicada pela Editora Empreende.
- Capa: Manu | OFÁ Design
- Editoração eletrônica: Daniel Kanai

CIP-BRASIL. CATALOGAÇÃO NA PUBLICAÇÃO
SINDICATO NACIONAL DOS EDITORES DE LIVROS, RJ

D757p
3. ed.
Dornelas, José
Plano de negócios: seu guia definitivo / José Dornelas. – 3. ed. – Barueri [SP]: Atlas, 2023.

Apêndice
ISBN 978-65-5977-450-0
1. Planejamento estratégico. 2. Sucesso nos negócios. I. Título.

22-81713　　　　　　　　　　　CDD: 658.4012
　　　　　　　　　　　　　　　　CDU: 005.51

Meri Gleice Rodrigues de Souza – Bibliotecária – CRB-7/6439

"Planeje o que é difícil enquanto é fácil. Faça o que será grande enquanto ainda é pequeno."

Sun Tzu

Autor

José Dornelas é um dos maiores especialistas brasileiros em empreendedorismo e plano de negócios, e um dos mais requisitados conferencistas sobre o tema no país. Foi *Visiting Scholar* na Columbia University, em New York, e no Babson College, em Massachusetts – instituição considerada a principal referência internacional em empreendedorismo –, onde também realizou seu pós-doutorado.

É doutor, mestre e engenheiro pela Universidade de São Paulo (USP). Leciona em cursos de MBA na USP e na Fundação Instituto de Administração (FIA) e atua como professor convidado em escolas de renome no país e no exterior. Autor de mais de 20 livros que se tornaram referência sobre os temas empreendedorismo e plano de negócios, fundou várias empresas e já assessorou dezenas das maiores empresas brasileiras e centenas de empreendedores.

Mantém o *site* www.josedornelas.com.br, com cursos, vídeos, informações e dicas para empreendedores e acadêmicos.

Material complementar

Todo material complementar deste livro encontra-se no *site* www.josedornelas.com.br e pode ser obtido gratuitamente:

- Planilhas.
- Apresentações.
- Textos explicativos sobre conceitos apresentados no livro.
- Exemplos completos de planos de negócios.
- *Check-list* sobre aspectos-chave do plano de negócios.
- Vídeos de um curso completo sobre como elaborar um plano de negócios passo a passo, apresentando dicas, conceitos-chave e exemplos.

No livro *Plano de negócios – exemplos práticos*, você pode conhecer outros exemplos de planos de negócios (comentados) de três empresas atuando em setores diferentes.

No livro *Empreendedorismo: transformando ideias em negócios*, há referencial teórico completo e detalhado para auxiliá-lo no desenvolvimento de seu plano de negócios.

Sumário

Capítulo 1
Um guia definitivo para desenvolver planos de negócios 1

1.1 Aprender fazendo 1

1.2 Foco na praticidade 2

1.3 Conteúdo atualizado na web 2

1.4 Guia do plano de negócios 2

1.5 A estrutura do livro 2

Capítulo 2
O que é o plano de negócios 5

2.1 Entendendo o conceito.. 5

2.2 Para que serve 8

2.3 Quando desenvolver 9

2.4 Quem usa o plano de negócios 11

2.5 Tipos de planos de negócios 12

2.6 Estruturas de planos de negócios 13

2.7 Aspectos-chave de um plano de negócios 16

2.8 Passo a passo para desenvolver o seu plano de negócios 18

Capítulo 3
Desenvolvendo um plano de negócios eficaz 21

Análise de oportunidade 24

1 O Conceito do negócio 30

2 Mercado e competidores 34

3 Equipe de gestão 52

4 Produtos e serviços 57

5 Estrutura e operações 64

6 Marketing e vendas 67

7 Estratégia de crescimento 77

8 Finanças 83

9 Sumário Executivo 100

Concluindo o plano de negócios 107

Anexos 109

1. *Integração do modelo de negócio Canvas ao plano de negócios*......................... 110
2. *Modelo de negócio Canvas* 113
3. *Pesquisa de mercado primária* 115
4. *Canvas do Tourbr* 117

Capítulo 1

Um guia definitivo para desenvolver planos de negócios

A proposta deste livro

Plano de negócios – seu guia definitivo surgiu da demanda de clientes, alunos, professores e demais públicos que precisam desenvolver um plano de negócios de maneira objetiva e não têm tempo para se aperfeiçoar com profundidade acerca dos temas que envolvem o assunto. Trata-se de um livro objetivo, direto e que pretende oferecer ao leitor um guia prático e definitivo para o desenvolvimento de um plano de negócios. Em sua terceira edição, apresenta ainda a utilização do modelo de negócio Canvas para analisar uma oportunidade, explicando sua integração com o plano de negócios.

1.1 Aprender fazendo

Tendo como referência a máxima de que nada substitui a prática, a ideia do livro é permitir que você, leitor, aprenda a desenvolver um plano de negócios ao longo da leitura dos conceitos e exemplos apresentados. Seja você um empreendedor do próprio negócio, um executivo, um estudante ou um empreendedor em potencial, a ideia que permeia todo o livro é a do aprender fazendo. Assim, ao finalizar a leitura do livro você terá desenvolvido o seu próprio plano de negócios.

1.2 Foco na praticidade

Ao longo do livro, os conceitos são explicados de maneira prática e exemplos são apresentados para servir de referência no desenvolvimento do seu próprio plano de negócios. Dicas e conceitos-chave são destacados para facilitar o entendimento e permitem ao leitor a aplicação imediata do que se lê, permitindo que a teoria seja utilizada na prática.

1.3 Conteúdo atualizado na web

Além do livro impresso, vários recursos *on-line* são disponibilizados no *site* do autor (www.josedornelas.com.br) para complementar o aprendizado e o conhecimento: vídeos, apresentações, planilhas (e explicações de como foram feitas) e exemplos de planos completos para facilitar o desenvolvimento do seu plano de negócios.

1.4 Guia do plano de negócios

Os conceitos teóricos que envolvem o desenvolvimento de um plano de negócios são muitos, mas neste livro a intenção foi facilitar o seu trabalho, destacando os mais importantes e recomendando leituras complementares específicas e direcionadas, caso você tenha a necessidade ou curiosidade em saber mais sobre o assunto. Enfim, procurou-se disponibilizar a você um guia prático e definitivo para o desenvolvimento de um plano de negócios.

1.5 A estrutura do livro

Este livro está estruturado em três partes. Este capítulo apresenta a proposta do livro e sua organização geral. O Capítulo 2 trata das motivações e tópicos relacionados ao desenvolvimento de um plano de negócios, e que muitas vezes geram dúvidas àqueles que estão envolvidos na tarefa de planejar um empreendimento. Além disso, apresenta dicas práticas para que o desenvolvimento do plano de negócios ocorra de maneira eficaz. O Capítulo 3 é dedicado ao conteúdo do plano de negócios e ao seu desenvolvimento. É o capítulo principal e mais denso de todo o livro. Sua estruturação segue a proposta apresentada no esquema a seguir. Além disso, nos Anexos do livro há a apresentação do Modelo de negócio Canvas do Tourbr, desenvolvido como uma alternativa de metodologia para se fazer a análise de oportunidade de uma ideia de negócio.

Estrutura do Capítulo 3 – Desenvolvendo um plano de negócios eficaz

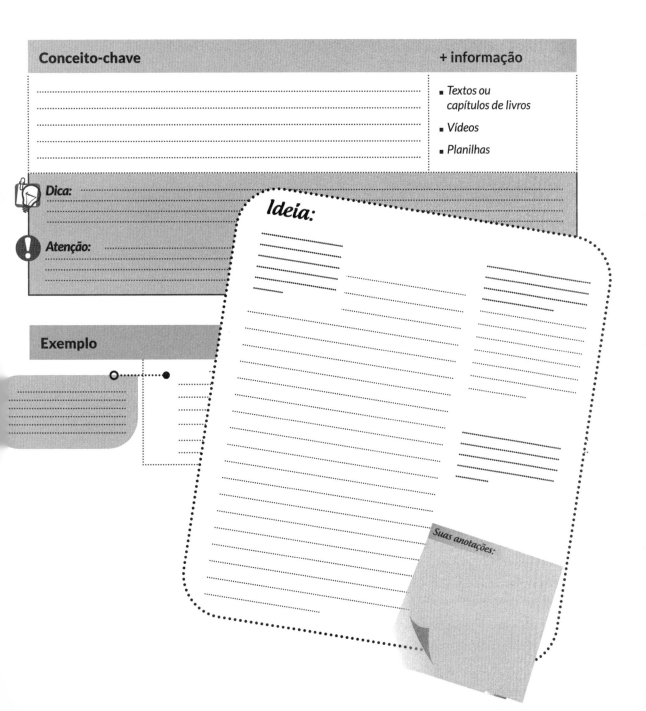

Capítulo 2

O que é o plano de negócios

2.1 Entendendo o conceito

Para desenvolver um plano de negócios é importante entender o que essa ferramenta de gestão significa. O plano de negócios é um documento utilizado para planejar um empreendimento ou unidade de negócios, em estágio inicial ou não, com o propósito de definir e delinear sua estratégia de atuação para o futuro. Trata-se ainda de um guia para a gestão estratégica de um negócio ou unidade empresarial.

O seu desenvolvimento fica mais claro quando se analisa o processo empreendedor. Como o plano de negócios é muito utilizado por empreendedores que estão estruturando a criação de novos negócios, pode ser entendido como um guia para o planejamento de novos negócios ou ainda para o planejamento de novas unidades empresariais, no caso de empresas já estabelecidas.

O processo empreendedor

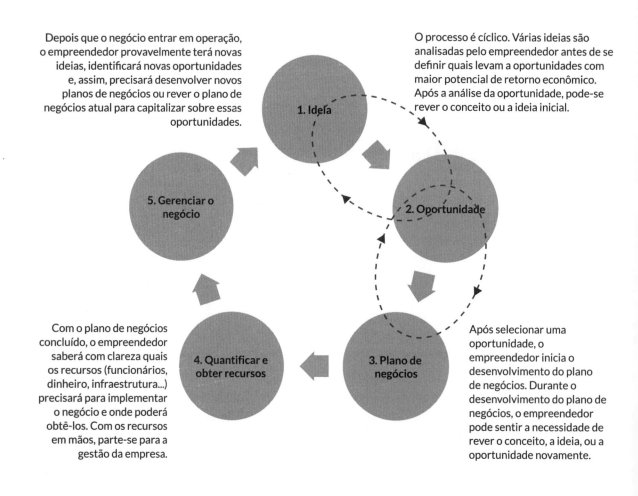

Depois que o negócio entrar em operação, o empreendedor provavelmente terá novas ideias, identificará novas oportunidades e, assim, precisará desenvolver novos planos de negócios ou rever o plano de negócios atual para capitalizar sobre essas oportunidades.

O processo é cíclico. Várias ideias são analisadas pelo empreendedor antes de se definir quais levam a oportunidades com maior potencial de retorno econômico. Após a análise da oportunidade, pode-se rever o conceito ou a ideia inicial.

Após selecionar uma oportunidade, o empreendedor inicia o desenvolvimento do plano de negócios. Durante o desenvolvimento do plano de negócios, o empreendedor pode sentir a necessidade de rever o conceito, a ideia, ou a oportunidade novamente.

Com o plano de negócios concluído, o empreendedor saberá com clareza quais os recursos (funcionários, dinheiro, infraestrutura...) precisará para implementar o negócio e onde poderá obtê-los. Com os recursos em mãos, parte-se para a gestão da empresa.

Mas, por que planejar? Ao responder a esta pergunta o empreendedor deveria pensar no plano de negócios como uma ferramenta de auxílio no processo de planejamento e não como uma obrigação. Só há razão de se planejar algo caso esteja claro para o empreendedor aonde se quer chegar, ou seja, qual é o seu objetivo.

Negócios criados sem planejamento são empresas conhecidas como "estilo de vida" nas quais os empreendedores não têm visão clara de crescimento e de como será a empresa daqui a 5, 10, 20 anos. Por isso, ao se estabelecer um objetivo de crescimento para um negócio, seja em relação à receita, lucro, número de clientes, participação de mercado etc., fica mais evidente a necessidade de se planejar cada passo que será dado para que o objetivo seja atingido.

O processo empreendedor resume essas etapas de maneira a facilitar o trabalho do empreendedor. Inicia-se com a ideia de negócio, que geralmente é o ponto de partida para qualquer empreendimento. Em seguida, analisa-se a oportunidade, ou seja, procura-se entender se a ideia que você teve tem potencial de viabilidade econômica, se há clientes em potencial no mercado para consumir um produto ou serviço decorrente dessa ideia. Com a oportunidade identificada parte-se para o desenvolvimento do plano de negócios. O plano de negócios concluído permitirá ao empreendedor identificar a quantidade necessária de recursos e as fontes existentes para financiar o empreendimento. Após estas etapas iniciais parte-se para a gestão da empresa. Note que o processo pode ser extremamente dinâmico e as etapas podem ser revistas a qualquer momento, de forma interativa. O importante é o empreendedor planejar o processo de estruturação do seu negócio desde a análise das ideias iniciais para saber se são oportunidades, para então selecionar a melhor oportunidade, desenvolver o plano de negócios e, assim, poder se dedicar à gestão da empresa.

Percebe-se, pela análise do processo empreendedor, que o plano de negócios pode e deve também ser utilizado após a constituição do negócio. Desta forma, caberá ao empreendedor revisar e atualizar seu plano de negócios periodicamente para garantir que a execução da estratégia de negócios ocorra de maneira adequada.

O prazo para essa revisão pode variar dependendo do tipo de negócio e do mercado no qual a empresa atua. O empreendedor deve ter em mente que o plano de negócios deve ser revisto assim que uma premissa importante utilizada nas projeções de seu plano mudar. Premissas importantes podem ser: variação na taxa de crescimento do mercado, entrada de novos concorrentes no mercado, mudança na legislação que afeta diretamente o seu negócio, revisão de uma parceria estratégica, conquista ou perda de clientes importantes (que representam percentual considerável do faturamento da empresa: 10, 20, 30%) etc.

2.2 Para que serve

Um plano de negócios pode ser utilizado para atender os seguintes objetivos de uma empresa:

- *Testar a viabilidade de um conceito de negócio:* com o plano de negócios concluído o empreendedor obterá uma análise de viabilidade econômica do negócio ou unidade empresarial. Essa análise pode ter duas conclusões: o negócio é viável ou não. O fato de eventualmente a análise chegar a uma conclusão negativa quanto a viabilidade do negócio não é necessariamente ruim. Neste caso, o empreendedor evitará despender mais tempo e recursos financeiros em um projeto que, já na fase de planejamento, se mostrou inviável.

- *Orientar o desenvolvimento das operações e estratégia:* já que o plano de negócios é uma ferramenta de gestão estratégica, o seu conteúdo servirá de base para o desenvolvimento da estratégia da empresa. A partir do plano de negócios o empreendedor poderá desenvolver planos tático (nível intermediário da gestão de uma empresa) e operacional (plano detalhado das operações da empresa).

- *Atrair recursos financeiros:* o plano de negócios é o cartão de visitas do empreendedor em busca de recursos financeiros. Bancos, fundos de investimento, investidores pessoa física (conhecidos como "anjos") e agências de fomento governamentais geralmente solicitam um plano de negócios para analisar a empresa ou a oportunidade antes de decidir por análises mais detalhadas. Sem o plano de negócios, dificilmente o empreendedor conseguirá acessar essas fontes de recursos.

- *Transmitir credibilidade:* empreendedores que desenvolvem planos de negócios para seus empreendimentos são respeitados por entenderem a importância do planejamento para a gestão e o crescimento de uma empresa. No mundo dos negócios não há espaço para o erro e aqueles que tomam decisões apenas com base no *feeling* e com excesso de subjetividade são preteridos e podem sucumbir rapidamente.

- *Desenvolver a equipe de gestão:* negócios em fase inicial dificilmente têm recursos suficientes para atrair e pagar salários de mercado a grandes talentos que poderiam compor a equipe de gestão da empresa. Um plano de negócios bem estruturado pode servir para o empreendedor negociar com talentos em potencial e, eventualmente, atraí-los para o negócio, propondo, inclusive, participação nos resultados ou mesmo uma sociedade na empresa.

2.3 Quando desenvolver

O plano de negócios pode ser desenvolvido tanto na fase inicial de uma empresa, como em qualquer outro estágio de seu desenvolvimento. A decisão de quando o fazer está relacionada ao objetivo que se quer atingir, à oportunidade que se quer perseguir, ou ao redirecionamento estratégico que se queira dar à empresa. Ao observar o típico ciclo de vida ou de crescimento de uma empresa, pode-se afirmar que o plano de negócios aplica-se a qualquer fase do desenvolvimento da empresa. Porém, os negócios em fase embrionária são os que mais demandam um bom plano de negócios para que a empresa inicie suas operações de maneira estruturada.

Ciclo de vida e fases de crescimento de uma empresa

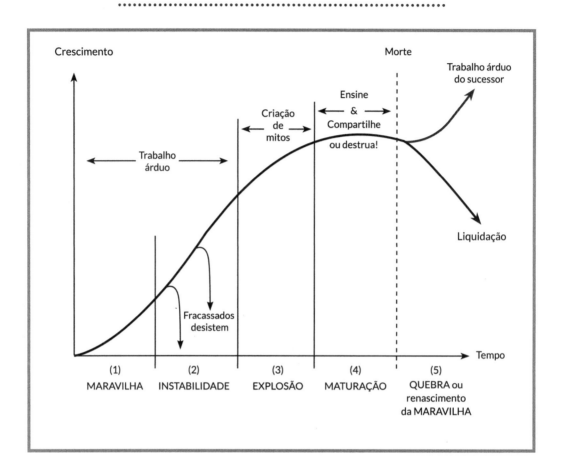

Obs.: Maravilha é um período cheio de incertezas relacionadas à sobrevivência da empresa. Instabilidade é o estágio de crescimento em que muitas empresas tropeçam e fracassam. O estágio da Explosão ocorre quando o crescimento é robusto e o empreendedor construiu uma equipe de gestão sólida. O fluxo de caixa é robusto durante a Maturação, mas, na Quebra, a empresa precisa se renovar ou entrará em declínio.

2.4 Quem usa o plano de negócios

Além do empreendedor, muitos são os públicos que podem se beneficiar com o uso de um plano de negócios. É importante que o empreendedor atente para as peculiaridades exigidas por cada público, já que as informações mais importantes para um não são necessariamente as mesmas para outro. Isso implica em dizer que é sábia a decisão de se desenvolver várias versões de um mesmo plano de negócios para atender aos objetivos de interlocutores diferentes.

Parceiros: para estabelecimento de estratégias conjuntas.

Incubadoras e aceleradoras de empresas: para analisar os candidatos que pleiteiam vagas na incubadora ou aceleradora. No caso das aceleradoras, muitas vezes o modelo Canvas (que será explicado nos Anexos deste livro) basta para a fase inicial de seleção.

Bancos comerciais: para decidir sobre a concessão de financiamentos.

Investidores e bancos de investimento: empresas de capital de risco, pessoas jurídicas, BNDES, agências do governo, investidores pessoa física (anjos) e outros interessados.

Fornecedores: para outorgar crédito para compra de mercadorias e matéria-prima.

A própria empresa: para comunicação interna dos gestores com o Conselho de Administração e com os empregados.

Os clientes potenciais: para vender a ideia e o produto/serviço.

Procure adaptar principalmente as seções-chave do seu plano de negócios para cada público-alvo. Exemplo: investidores querem ver números, mercado, finanças; parceiros querem ver contrapartidas; incubadoras e aceleradoras querem ver sua proposta de valor, inovação e visão de crescimento; bancos querem ver como você pagará o empréstimo. Mas não basta apenas mudar a introdução do plano ou o Sumário executivo, é necessário adaptar as seções críticas do plano para cada público-alvo!

2.5 Tipos de planos de negócios

Há vários tipos e formatos de planos de negócios. Há alguns anos, definiam-se os planos de negócios em completo (em torno de 20 a 40 páginas), resumido (em torno de 10 a 15 páginas) e operacional (sem limite de páginas). Atualmente, devido à demanda por uma comunicação mais direta e objetiva, os planos de negócios têm sido adaptados para atender a esse contexto, tornando-se cada vez mais objetivos e com menos páginas, principalmente quando são utilizados para negociação com fundos de investimento. Os planos de negócios utilizados ou exigidos por bancos de fomento ou agências do governo ainda devem ser mais extensos e detalhados. Planos internos à empresa não têm regras rígidas a ser seguidas.

Outra tendência é a estruturação do plano de negócios apenas em formato de *slides*, ou lâminas de apresentação. Isso facilita o trabalho do empreendedor, que poderá criar uma apresentação com várias lâminas e escolher quais fazem parte do plano completo e quais fazem parte do plano resumido, por exemplo. Esse recurso é muito utilizado por empresas de consultoria.

Uma terceira variação do plano de negócios é sua utilização como ferramenta de "venda" (*pitch deck*) de um conceito, produto ou projeto em uma empresa já estabelecida. Os planos corporativos têm essa conotação e são muito utilizados por áreas de novos negócios, comercial, marketing e produtos.

Seja qual for o seu objetivo e o público-alvo para o qual você pretende desenvolver um plano de negócios, tenha em mente a necessidade dos seguintes "produtos" derivados de seu plano de negócios:

- O plano de negócios completo, contendo todas as seções que explicam o modelo de negócio e a estratégia de negócio da empresa.
- Um Sumário executivo, ou a síntese do plano de negócios, em poucas palavras, páginas ou *slides*/lâminas.
- Um Sumário executivo estendido, contendo ainda algumas tabelas com informações financeiras, mas de forma objetiva.
- Uma planilha eletrônica, contendo todas as equações e análises que geraram as projeções financeiras e de receita de sua empresa.
- Uma apresentação em *slides*, que servirá de base para a "venda" da ideia aos seus interlocutores.

2.6 Estruturas de planos de negócios

Assim como os tipos e formatos dos planos de negócios são variados, inúmeras são as possíveis estruturas de um plano. Um exemplo com uma estrutura detalhada e que pode ser utilizado como base para a customização da estrutura do seu plano de negócios é o apresentado em www.josedornelas.com.br/plano-de-negocios, reproduzido a seguir. Note que, se o seu objetivo for o desenvolvimento de um plano de negócios enxuto, sem muitos detalhes, essa estrutura necessariamente deverá ser revista, pois se trata de um exemplo completo e detalhado. Por isso, muitas vezes adota-se o modelo de negócio Canvas, que basicamente visa à análise da oportunidade e de sua proposta valor, quando não se necessita de um planejamento detalhado.

Estrutura de Plano de Negócios sugerida por www.josedornelas.com.br/plano-de-negocios

1. Sumário executivo
2. Conceito do negócio
3. Mercado e competidores
4. Equipe de gestão
5. Produtos e serviços
6. Estrutura e operações
7. Marketing e vendas
8. Estratégia de crescimento
9. Finanças
10. Anexos

Detalhamento da estrutura

1. Sumário executivo
- O Conceito do negócio e a oportunidade
- Mercado e competidores
- Equipe de gestão
- Produtos/serviços e vantagens competitivas

- Estrutura e operações
- Marketing e projeção de vendas
- Estratégia de crescimento
- Índices e projeções financeiras
- Oferta/necessidade de aporte de recursos

2. **Conceito do negócio**
   - Apresentação (histórico, caso a empresa já exista)
   - Visão e missão (valores e diferenciais do negócio)
   - Oportunidade
   - Produtos e serviços (resumo conceitual)
   - Aspectos legais e composição societária
   - Certificações, licenças, regulamentações
   - Localização e abrangência
   - Terceiros e parcerias

3. **Mercado e competidores**
   - Análise setorial (análise macro)
   - Mercado-alvo (nicho de mercado)
   - Necessidades do cliente (onde está a oportunidade)
   - Análise dos competidores
   - Vantagens competitivas (do negócio e dos concorrentes)

4. **Equipe de gestão**
   - Descrição dos principais executivos (pontos fortes, experiência, adequação ao negócio)

5. **Produtos e serviços**
   - Descrição dos Produtos e serviços
   - Benefícios e diferenciais
   - Utilidade e apelo
   - Tecnologia, P&D (Pesquisa e Desenvolvimento), patentes (propriedade intelectual)
   - Ciclo de vida

6. Estrutura e operações

- Organograma funcional
- Máquinas e equipamentos necessários
- Processos de negócio
- Processos de produção e manufatura (caso se aplique)
- Política de recursos humanos
- Previsão de recursos humanos
- Fornecedores de serviços (e matéria-prima)
- Infraestrutura e planta (*layout*)
- Infraestrutura tecnológica

7. Marketing e vendas

- Posicionamento do produto/serviço
- Praça/canais
- Promoção
- Preço
- Projeção de vendas e *market share*
- Parcerias

8. Estratégia de crescimento

- Análise estratégica (plano de desenvolvimento)
  - SWOT (forças, fraquezas, oportunidades e ameaças)
  - Objetivos e metas
- Cronograma
- Riscos críticos do negócio (e mitigação dos riscos/plano de contingência)

9. Finanças

- Investimentos (usos e fontes)
- Composição de custos e despesas
- Principais premissas (base para as projeções financeiras)
- Evolução dos resultados financeiros e econômicos (projeção para 5 anos, mensal no ano 1 e semestral/trimestral nos demais)

- Demonstrativo de Resultados
- Fluxo de Caixa
- Balanço
■ Indicadores financeiros
- Taxa Interna de Retorno
- Valor Presente Líquido
- *Breakeven* e *payback*
■ Necessidade de aporte e contrapartida
■ Cenários alternativos
■ Plano incluindo expansão

10. Anexos
■ Currículo da equipe de gestão/sócios
■ Dados complementares sobre o mercado
■ Detalhamento das pesquisas de mercado (primárias) e testemunhos
■ Detalhamento das projeções financeiras

Importante: dependendo da estrutura escolhida, você não precisará ter todos os itens citados neste exemplo completo de estrutura que foi apresentado. Utilize apenas os que se aplicam para um entendimento adequado do seu negócio.

2.7 *Aspectos-chave de um plano de negócios*

Independentemente da estrutura definida por você para o desenvolvimento do seu plano de negócios, atente para alguns aspectos importantes e que, geralmente, são essenciais para um bom entendimento do plano de negócios pelos leitores.

Oportunidade, mercado, clientes: todo plano de negócios deve mostrar qual a oportunidade identificada e o mercado-alvo que o negócio foca/vai focar, bem como os clientes em potencial.

Capacidade gerencial de implementação: mesmo que você não tenha toda a equipe de gestão alocada no negócio, o seu plano de negócios deve mostrar quem já está fazendo parte do negócio e o perfil necessário e desejado para os novos profissionais que integrarão a equipe assim que o plano sair do papel.

Recursos mínimos requeridos (pessoas, infraestrutura etc.): quais os recursos tangíveis e intangíveis (ex.: marca, imagem etc.) serão necessários para o negócio acontecer.

Estratégia de entrada e visão de crescimento: mostre como será o desenvolvimento inicial da empresa/unidade de negócio, sua visão de crescimento, objetivos e metas com prazos definidos.

Recursos financeiros requeridos, fluxo de caixa, acordo etc.: apresente quanto será necessário de investimento de recursos financeiros, em que momentos (inicial, ano 1, ano 2, ...), como ficará a projeção do caixa da empresa, como será o acordo com potenciais investidores etc.

Análise de riscos e premissas: quais os principais riscos inerentes ao negócio e como eles serão mitigados; quais as premissas que deram base às projeções apresentadas.

Projeção de resultados: quais os resultados financeiros projetados para a empresa ao longo dos próximos anos: receita, lucro, margem etc.

Opções de "colheita": se você estiver buscando recursos de investidores, poderá mostrar em que momento o investidor sairá do negócio e de que forma (através da venda da participação do investidor inicial para um novo investidor; através da recompra da participação do investidor inicial pelo empreendedor; através da venda da empresa; via abertura do capital da empresa na bolsa de valores etc.). Observação: isso não precisa estar explícito no PN, mas pode ser apresentado durante uma negociação ou na reunião inicial com os investidores.

Cronograma: mostre os principais marcos a serem atingidos e as atividades que precisam ser desenvolvidas pela empresa para que isso ocorra. O cronograma não é obrigatório, mas caso opte por apresentá-lo em seu PN, seja objetivo!

Você pode contratar uma assessoria ou consultoria para auxiliá-lo no desenvolvimento do PN, mas nunca terceirize o trabalho por completo, pois o plano é do empreendedor, que deve participar ativamente do seu desenvolvimento. Utilize uma listagem dos aspectos-chave do PN (disponível em www.josedornelas.com.br) para fazer uma comparação com as consultorias candidatas a assessorá-lo e então analise quais atendem a esses critérios. Pode ser útil na sua tomada de decisão!

2.8 Passo a passo para desenvolver o seu plano de negócios

Não há regra rígida ou metodologia única para se desenvolver um plano de negócios, mas um bom ponto de partida é você planejar as atividades que deverão ser desenvolvidas, incluindo tarefas, responsáveis, prazos e resultados almejados. Isso facilitará na obtenção do seu plano de negócios dentro de um prazo razoável de forma que você possa controlar as atividades. Dificilmente o plano de negócios será desenvolvido em uma única sequência de passos. É provável que muitas interações ocorram e que após algumas seções serem concluídas, você julgue necessário revisá-las novamente quando algum tópico que se aplica a mais de uma seção tenha sido alterado. É importante que se tenha clareza do nível de detalhe que se busca para o plano e que se estabeleça um prazo para concluí-lo, caso contrário você nunca obterá uma versão final para o seu plano de negócios.

Uma possível sequência para o desenvolvimento de um plano de negócios é iniciada pela análise da oportunidade (seguindo o processo empreendedor), e em seguida passa-se para uma rigorosa análise do mercado, do público-alvo e dos concorrentes. A partir daí, você poderá se dedicar a:

a) definir o seu modelo de negócio (o que vender, o que é o negócio, como vender, para quem, a que preço, o plano de marketing...) e projeções iniciais de receita;

b) estabelecer os investimentos iniciais necessários;

c) verificar a necessidade de recursos humanos;

d) projetar custos, despesas e receitas ao longo do tempo;

e) fechar o modelo de negócio cruzando necessidade de recursos com resultados;

f) criar os demonstrativos financeiros;

g) fazer análises de viabilidade através de índices de retorno sobre investimento, rentabilidade etc.;

h) revisão completa de todos os passos;

i) concluir a redação do plano e fechamento do modelo.

Note que todos os passos indicados podem ser feitos sem você necessariamente se dedicar, logo de início, à escrita completa do plano de negócios. Estes passos sugerem ainda que você crie uma planilha eletrônica com várias pastas interligadas. Assim, quando uma determinada variável crítica do seu plano de negócios for alterada, todas as pastas que dependerem desta variável serão automaticamente atualizadas. Exemplo: um vendedor típico de determinado negócio no interior da Bahia pode visitar 20 clientes por mês e tem uma taxa efetiva de venda de um *kit* padrão de produtos de cinco clientes diferentes ao mês. Assim, para cada vendedor contratado você terá em sua planilha, em média, cinco novas vendas/mês. Essa variável deveria influenciar custos com compras de matéria-prima, divulgação, contratação de pessoal, receita etc. Use esta mesma lógica para toda variável que julgar relevante em seu plano de negócios e, assim, o seu trabalho ficará mais efetivo.

Procure analisar em detalhes a planilha do plano de negócios do Tourbr (disponível em www.josedornelas.com.br), apresentado no Capítulo 3, e então faça a sua própria planilha utilizando a do Tourbr como exemplo ou ponto de partida.

Capítulo 3

Desenvolvendo um plano de negócios eficaz

Quando o desenvolvimento de um plano de negócios inicia-se com a análise da oportunidade, o processo fica mais claro para o empreendedor, já que em muitos casos o plano de negócios servirá para analisar a viabilidade de uma ideia. O entendimento da diferença entre ideia e oportunidade é crucial para que o plano de negócios se torne, de fato, um documento útil ao empreendedor.

A ideia é algo livre, sem comprometimento com nada e geralmente surge de momentos de criatividade do empreendedor ou de pessoas com as quais convive. No entanto, nem sempre a ideia mais criativa torna-se uma oportunidade de negócio. Isso ocorre porque a oportunidade é uma ideia com potencial de retorno econômico, a partir da qual o empreendedor poderá criar produtos e serviços que serão de interesse dos consumidores. Ideias que não proporcionem o retorno econômico serão apenas ideias...

Note no diagrama a seguir que o fluxo de desenvolvimento de plano de negócios que será utilizado neste capítulo segue um processo lógico (seis grandes etapas), mas não definitivo, já que sempre existirão revisões, interações (representadas por elipses) e mudanças do conteúdo das seções do plano de negócios, mesmo que estas já tenham sido desenvolvidas. Portanto, não considere esta sequência uma regra rígida, mas um ponto de partida para o desenvolvimento do plano de negócios, que se inicia com a análise da oportunidade e encerra-se com o documento final completo. Este ciclo é reiniciado (seta que indica uma ligação/sequência entre as etapas 6 e 1) quando se faz uma revisão completa do plano de negócios ou quando a oportunidade de negócio precisa ser revista.

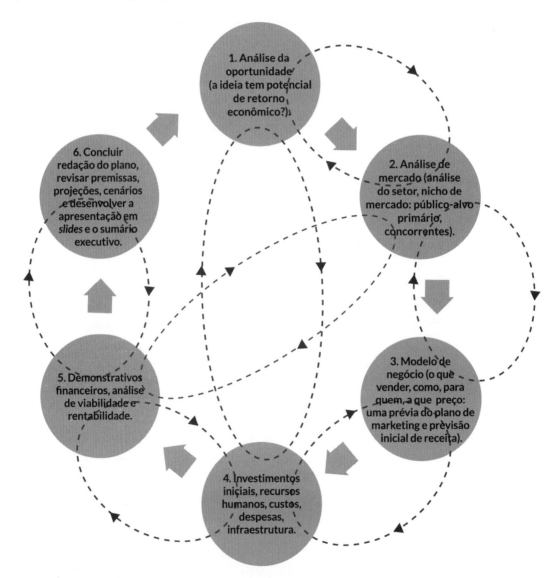

Seguindo esta lógica, neste capítulo desenvolveremos um plano de negócios para testar a viabilidade de uma ideia. A ideia escolhida pode ser aproveitada por você caso considere que o tipo de negócio está condizente com o que você espera de uma atividade empreendedora, ou seja, caso haja consonância ente o negócio e o que você gosta ou quer fazer. Apesar de ser um exemplo fictício, poderia ser utilizado no mundo real sem restrições, pois todo o processo de análise que você terá acesso a seguir foi feito com o intuito de se implementar o negócio.

Utilize o aprendizado obtido para desenvolver os seus planos de negócios e atente para as várias discussões que surgem ao longo do desenvolvimento de um plano de negócios.

A estrutura do plano de negócios que será desenvolvido a seguir terá a seguinte sequência:

Análise de oportunidade (não faz parte do corpo do PN, mas é a partir da análise da oportunidade que se decide ou não seguir em frente com o desenvolvimento de um PN. Portanto, começaremos analisando uma ideia de negócio para saber se pode ser uma oportunidade e, então, partiremos para o desenvolvimento do PN para este negócio).

1. *O Conceito do negócio*
2. *Mercado e competidores*
3. *Equipe de gestão*
4. *Produtos e serviços*
5. *Estrutura e operações*
6. *Marketing e vendas*
7. *Estratégia de crescimento*
8. *Finanças*
9. *Sumário executivo*

(*Obs.:* O Sumário executivo é desenvolvido por último, mas deve ser a primeira seção do PN).

Concluindo o plano de negócios (Sugestões de como empacotar o plano de negócios final e sobre os demais documentos que são obtidos ao finalizar um PN).

Análise de oportunidade

Há questões críticas que você deve se propor a responder para saber se uma ideia pode ser uma boa oportunidade de negócios. Aplique a metodologia conhecida como 3M (demanda de **M**ercado; estrutura e tamanho do **M**ercado; margens que podem ser obtidas nesse **M**ercado) para chegar a uma conclusão.

A. Qual é o público-alvo (clientes em potencial) para sua ideia de negócio?
B. Qual a durabilidade do produto/serviço no mercado (ciclo de vida do produto/serviço)?
C. Os clientes estão acessíveis? De que forma sua empresa consegue chegar até eles (canais utilizados)?
D. O potencial de crescimento desse mercado para os próximos anos é alto (exemplo: >10, 15, 20%)?
E. O investimento pode ser recuperado no curto prazo (menos de 2 anos)?
F. O mercado-alvo está crescendo? É emergente (novo)? É fragmentado (tem muitos competidores de vários portes)?
G. Existem barreiras proprietárias de entrada? Ou excessivos custos de saída? Você tem estratégias para transpor estas barreiras?
H. Quantos competidores-chave estão no mercado? Eles controlam a propriedade intelectual ou os canais de venda?
I. Qual é o tamanho do mercado em reais e o potencial para se conseguir uma boa participação de mercado?
J. Qual o potencial de lucro desse mercado (quais as margens brutas praticadas)? Por exemplo: > 20, 30, 40%.
K. Qual a necessidade de capital e expectativa para atingir o ponto de equilíbrio e o retorno do investimento?

+ informação

- *Você pode conhecer em detalhes a metodologia 3M no livro Empreendedorismo: transformando ideias em negócios.*

- *No site www.josedornelas.com.br você pode obter uma apresentação sucinta com o resumo conceitual para aplicação do 3M a qualquer ideia.*

- *Uma alternativa à metodologia 3M é a aplicação do Modelo de negócio Canvas para analisar a oportunidade. Nos anexos deste livro você encontra o Canvas do Tourbr.*

Note que são várias perguntas e que demandarão uma pesquisa para que você obtenha as respostas. Evite a subjetividade ao responder as questões apresentadas, mas nesta fase não há a necessidade de se detalhar as informações. Esse *check-list* serve para dizer a você se vale a pena ou não seguir em frente no desenvolvimento do plano de negócios para a ideia que você teve. Se as respostas a estas questões não forem convincentes, talvez você nem precise desenvolver um PN para descartar a ideia.

As informações que você busca nessa fase são referências do mercado. Por exemplo, como você saberá se o ponto de equilíbrio e o retorno do investimento para sua ideia ocorrerão em 24 e 48 meses respectivamente? Ou quais serão as margens brutas ou líquidas do negócio? Você não terá como saber ainda nesta fase, mas poderá pesquisar negócios semelhantes no mesmo setor para ter dados reais como referência. Esse é o objetivo da análise de oportunidade. Com um exemplo, ficará mais fácil de entender.

Dica: O foco é essencial no início de qualquer empresa. Grandes oportunidades precisam ser exploradas com estratégia clara para que você não disperse os esforços e perca tempo. Empresas em fase inicial não conseguem atender a todos ao mesmo tempo, por isso, procure identificar qual é o seu público-alvo principal.

Atenção: Você não precisa detalhar as respostas às perguntas do *check-list* apresentado, já que apenas servirão de base para sua decisão de seguir em frente ou não com o desenvolvimento do plano de negócios, ou, ainda, ajudarão você a repensar o modelo de negócio inicial que tinha em mente.

Cap. 3 ■ *Desenvolvendo um plano de negócios eficaz*

Exemplo de análise de oportunidade

Note que a ideia não é nova – uma empresa que atenda ao turista estrangeiro, usando um aplicativo/site como fonte de informação; mas há uma mudança significativa em curso e que poderá trazer grandes oportunidades aos empreendedores mais atentos. O modelo de negócio (como a empresa fará dinheiro) não está claro.

- A ideia: Aproveitar a demanda do turismo receptivo internacional no Brasil após a pandemia. Durante a pandemia, o turismo no Brasil e no mundo sofreu consideravelmente e muitos negócios do setor foram descontinuados. A crise gerada também trouxe oportunidades para negócios inovadores com modelos de negócios diferenciados. A ideia é criar um aplicativo/*site*, o Tourbr, para aproveitar esta crescente demanda e estruturar o turismo receptivo diferenciado aos turistas estrangeiros que busquem pacotes customizados. O modelo de negócio será baseado na venda de pacotes turísticos, reservas em restaurantes e hotéis, suvenires, e outros produtos/serviços aos estrangeiros que pretendam visitar o Brasil.

- Segundo o Ministério do Turismo, o número de turistas estrangeiros teve uma queda de 65% em 2020, pimeiro ano da pandemia de Covid-19, mas as perspectivas são de crescimento para os próximos anos.

Aqui começa a ser respondida a pergunta "C" (como se chegará ao cliente-alvo), mas ainda não está claro como este cliente conhecerá o aplicativo/site.

O que transforma a ideia em oportunidade é justamente criar um diferencial e ter um foco ou nicho de mercado. A ideia aqui é focar o turista estrangeiro. O mercado tem tudo para voltar a ser promissor, mas ainda não há números que ratifiquem o tamanho da oportunidade.

Aqui são respondidas as perguntas "A" (clientes em potencial) e "D" (crescimento do mercado).

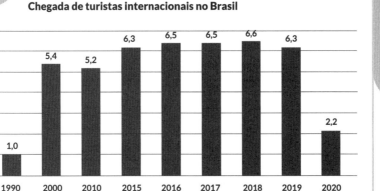

Chegada de turistas internacionais no Brasil

Ano	Turistas (milhões)
1980	1,6
1990	1,0
2000	5,4
2010	5,2
2015	6,3
2016	6,5
2017	6,5
2018	6,6
2019	6,3
2020	2,2

Fonte: Ministério do Turismo.

Note que a ideia parece interessante, mas para ser transformada em oportunidade precisa de mais detalhamento. Ao responder por completo o *check-list* de oportunidades (3M), o negócio Tourbr pode ficar mais claro.

Exemplo de análise de oportunidade

Dados do Cadastur, do Ministério do Turismo, mostram que em julho de 2022 havia cerca de 150 mil prestadores de serviços cadastrados no sistema e atuando no setor no Brasil. Para efeito de comparação, em 2017, o número era de 65 mil e, em 2006, quando o Cadastur foi criado, esse contingente era de 8,6 mil prestadores.

Apesar de haver muitas empresas que atuam no setor de turismo no Brasil e do provável crescimento que este segmento terá após a pandemia, há espaço para negócios diferenciados com atendimento exclusivo a turistas estrangeiros exigentes e dispostos a pagar por isso.

Já quando dos preparativos da Copa do Mundo de 2014, realizada no Brasil, o Ministério do Turismo tem publicado relatórios, mostrando a evidente necessidade de desenvolvimento do turismo receptivo local e da melhoria de serviços que levem informação estruturada para auxiliar o turista na definição de pacotes turísticos, locais para visitar, opções de hospedagem, restaurantes, pontos turísticos etc.

Entre outros aspectos, há muito que se desenvolver para a melhoria dos serviços e para que o acesso à informação ocorra em outras línguas, por exemplo. O desafio para o turista estrangeiro ocorre antes de decidir viajar. Ao buscar na internet informações sobre locais para visitar no Brasil, opções de hospedagem, restaurantes etc., esse turista não encontrará facilmente, na língua inglesa, dados estruturados e atualizados por região, localidade etc. Se houvesse um aplicativo/*site* que oferecesse serviços completos ao turista estrangeiro, em inglês, incluindo avaliação de outros turistas sobre as experiências que tiveram, seria de grande valia a este público.

Tendo essa análise como premissa, o Tourbr visa suprir esta necessidade e atender à demanda de turistas receptivos com serviços que facilitem sua tomada de decisão sobre locais a visitar, meios de hospedagem, atividades que poderá desenvolver no país, restaurantes, pontos turísticos, entre outros. Uma referência seria o Booking.com, que possibilita este tipo de informação, gerada pelos próprios usuários, aos visitantes do *site*, e é um sucesso no mundo todo e inclusive no Brasil, mas focado principalmente em meios de hospedagem. O Tourbr quer ir bem além.

O modelo de receita seria o de patrocínios (locais, regionais e nacionais), comércio eletrônico (*e-commerce*) de produtos relacionados, suvenires etc., bem como taxas cobradas dos vários participantes do setor de turismo para aparecerem no aplicativo/*site* com destaque (tendo como referência o que faz o Google com seus *links* patrocinados).

Aqui é respondida a pergunta "B" (ciclo de vida ou durabilidade do produto). Note que o aplicativo/site "venderá" informação e por isso precisará focar na atualização constante, oferecendo novidades aos visitantes. Esse é um desafio considerável, tendo em vista a diversidade de dados turísticos e localidades que podem ser visitadas no Brasil.

Aqui é respondida a pergunta "F" (quantidade de competidores). Note que o mercado é bastante fragmentado: há muitos competidores. O negócio precisará ser inovador para se diferenciar! Mas o mercado crescerá consideravelmente nos próximos anos, o que é uma grande oportunidade.

Aqui são respondidas as perguntas "G" (barreira de entrada) e parte da "H" (competidores-chave). Não há barreira para se criar este projeto. O desafio maior será torná-lo conhecido do público-alvo. Os competidores podem ser variados, mas aparentemente não há nenhum player com destaque nesse setor. Há vários competidores internacionais com atuação generalizada, mas sem foco específico no Brasil. Note ainda que o modelo de receita começa a ficar mais claro, com foco em publicidade, assinaturas e e-commerce.

Exemplo de análise de oportunidade

Assim, o Tourbr seria um repositório de informação qualificada, gerada pela equipe do *site* e multiplicada pelos próprios usuários (comunidades que avaliariam os locais, restaurantes, enfim, tudo o que for publicado no *site*) e teria como referência de modelo de receita o que é praticado pelo Google.

> Um aplicativo/site *bem gerenciado normalmente demanda uma estrutura operacional enxuta. Esse será o desafio do Tourbr. Se isso for atingido, as margens de lucro podem ser altas e o investimento recuperado no curto/médio prazo (perguntas "E" e "J"), mas ainda é prematuro afirmar com certeza.*

As perguntas que tratam do tamanho do mercado ("I") e do investimento necessário ("K") ainda precisam de mais informações para ser respondidas. Aparentemente, a oportunidade existe e o plano de negócios poderá auxiliar a mensurar com mais precisão o potencial do mercado, bem como o investimento inicial e o prazo de retorno desse investimento.

Negócios focados na internet demandam inovação e precisam ser provados rapidamente para ter sucesso de público e assim conquistar a viabilidade financeira. Dessa forma, essa oportunidade deve ser trabalhada para apresentar um cenário positivo em poucos anos. Isso porque a pandemia trouxe desafios inflacionários ao mundo todo, mesmo paradoxalmente a atividade turística tendo perspectivas de crescimento. É provável que o Tourbr tenha que focar no crescimento orgânico, devido a escassez de capital de risco em cenários turbulentos, mas precisa ter seu modelo de negócio totalmente provado e validado para que isso se torne realidade.

Note que dificilmente você terá todas as respostas para o *check-list* de oportunidades em uma primeira análise. Mas as informações obtidas até esse momento devem ser suficientes para encorajá-lo ou não a desenvolver um plano de negócios. Isso significa que nem toda a ideia aparentemente interessante merece o desenvolvimento de um plano de negócios.

O plano de negócios deve ser desenvolvido para as ideias que parecem ser boas oportunidades, como é o caso do Tourbr. Mesmo assim, só após o plano de negócios desenvolvido é que saberemos se realmente o Tourbr terá chances de se transformar em um grande sucesso.

Agora, analise a sua ideia para saber se pode ser uma oportunidade de negócio.

Ideia:

Inclua aqui a descrição da sua ideia. Caso necessário, use mais de uma página, mas limite a no máximo 2 a 3 páginas de textos e gráficos/tabelas.

Inclua aqui fontes de dados de mercado que podem ser úteis durante o desenvolvimento do seu plano:

Aplique o 3M à sua ideia. Descreva a oportunidade de negócio: lembre-se que a oportunidade é uma ideia com potencial de retorno econômico, ou seja, que pode ser viável!

Suas anotações:

Cap. 3 ■ Desenvolvendo um plano de negócios eficaz

Ideia:

Suas anotações:

Após a análise da oportunidade, você estará preparado para iniciar o desenvolvimento do seu plano de negócios. A seção inicial deve ser a descrição do negócio e do modelo de negócio da empresa. Você poderá aproveitar partes do texto de análise de oportunidade, mas preocupe-se em manter a objetividade!

1. O Conceito do negócio	+ informação
O que é ou será o seu negócio? O que sua empresa vende? Para quem sua empresa vende? Estas perguntas precisam ser respondidas de forma intuitiva ao se ler a descrição do conceito de negócio. Caso sua empresa já exista, você precisa apresentar um breve histórico com as principais realizações já feitas, faturamento, número de clientes, número de funcionários, crescimento da empresa nos últimos anos, diferenciais etc. Uma empresa iniciante deve ter clareza do seu propósito, aonde quer chegar (visão de futuro) e quais serão os valores e premissas para esse crescimento. Não há necessidade de se definir frases com a descrição da visão e da missão do negócio, mas você precisa deixar claro o que pretende com a criação desse negócio. De maneira sucinta, mostre porque você pode fazer essa empresa ser bem-sucedida, qual é a oportunidade de negócio, e quais serão os principais Produtos e serviços (você não deve descrever em detalhes, apenas passar uma ideia inicial do que você vende, pois haverá uma seção do plano de negócios destinada só aos produtos/serviços). Além disso, você precisa apresentar, também de forma sucinta, como será a estrutura legal da empresa, composição societária, se possui certificações, licenças, ou quaisquer outros requisitos legais necessários para funcionar (você não precisa detalhar esta parte, e poderá inserir documentos no anexo do plano, caso julgue necessário). Mostre ainda a localização da empresa, se há filiais, e quais terceiros e parceiros-chave são fundamentais para o sucesso do negócio. Note que esta seção do plano de negócios é mais descritiva, mas você precisa prezar pela objetividade.	▪ *O livro* Plano de negócios – exemplos práticos *contém exemplos de PN de empresas que atuam em diversos setores da economia.* ▪ *Conheça outros exemplos de descrição de conceitos de negócios em* www.josedornelas.com.br/download.

Dica: Esta seção é uma das mais objetivas de um plano de negócios. Evite escrever detalhadamente. Uma ou duas páginas (ou *slides*) são suficientes para passar ao leitor, com clareza, o que é o seu negócio.

Atenção: Você deve ser objetivo, mas não pode deixar a informação desestruturada no plano de negócios. Caso julgue necessário anexar documentos que sustentem as informações contidas nesta e em outras seções do seu PN, você deve citar no documento a numeração dos anexos que fazem parte do plano completo.

Exemplo da seção Conceito do negócio

Tourbr será um aplicativo voltado ao público estrangeiro (inicialmente, de língua inglesa) que pretende visitar o Brasil. Seu principal diferencial será a disponibilização de informação qualificada e validada pelo próprio público, que avaliará hotéis, restaurantes, locais para visitação, entre outros, com o intuito de facilitar a programação de viagem do turista estrangeiro interessado no país.

> *O primeiro parágrafo descreve sucintamente o Conceito do negócio. Note que agora os empreendedores usam apenas a palavra "aplicativo", mas imagina-se que o acesso ao Tourbr se dará via aplicativo e também via site.*

A aportunidade de explorar o turismo receptivo internacional no Brasil mostra-se bastante promissora, devido às perspectivas do pós-pandemia. A crise gerada também trouxe oportunidades para negócios inovadores com modelos de negócios diferenciados. Segundo o Ministério do Turismo, o número de turistas estrangeiros teve uma queda de 65% em 2020, pimeiro ano da pandemia do Covid-19, mas as perspectivas são de crescimento para os próximos anos.

> *A oportunidade é apresentada de forma resumida e posteriormente deverá ser mais bem trabalhada na seção de Mercado e competidores.*

O modelo de receita do Tourbr será baseado na gratuidade de acesso aos usuários do aplicativo (turistas) e cobrança de taxas de assinatura e publicidade dos patrocinadores (restaurantes, hotéis, entre outros). Além disso, haverá uma seção de comércio eletrônico relacionado a produtos turísticos do país.

> *O modelo de negócio foca na venda de publicidade para anunciantes e na gratuidade para os visitantes. Parece interessante para atrair o público de turistas, mas deverá prever como "vender" aos anunciantes.*

O Tourbr pretende ser a principal fonte de referência internacional ao turista estrangeiro interessado em visitar o Brasil. Para viabilizar seu crescimento em todo o país, o negócio atuará com parceiros locais para prospecção e divulgação dos seus serviços aos empreendedores que atuam no setor de turismo no Brasil.

> *Mostra a visão do negócio e como pretende crescer.*

A empresa está localizada em São Paulo-SP, em um escritório comercial no bairro de Pinheiros, e possui dois sócios com 50% de participação no negócio cada: Antonio Oliveira e Marina Ferreira. No Anexo 1, encontra-se uma cópia do contrato social da empresa.

> *Não entra em detalhes sobre documentos e indica que se encontram em anexo. Mostra a localização da empresa, e que já foi criada.*

Agora, descreva o seu Conceito do negócio.

Conceito do negócio:

Inclua aqui a descrição do seu negócio. Procure limitar a descrição a uma ou no máximo duas páginas.

Anote aqui informações adicionais que você julga importantes e que ainda não decidiu se serão incluídas no corpo ou nos anexos do plano (essa anotação será útil para ajudá-lo a revisar o plano de negócios após ser concluído):

Suas anotações:

Cap. 3 ■ *Desenvolvendo um plano de negócios eficaz*

Conceito do negócio:

Suas anotações:

A próxima seção do plano de negócios será uma das mais importantes e mais trabalhosas, pois você precisa levantar muita informação, analisar os dados e sintetizar o que é mais crítico para o seu negócio. A seção de análise de mercado e análise dos competidores leva muitas pessoas a copiar textos e análises genéricas da Internet, e com isso o plano final pode ficar inconsistente. Lembre-se de criar o seu próprio texto, mas referenciando todas as informações que você obtém em *sites*, revistas, jornais e relatórios de mercado.

2. Mercado e competidores	+ informação
A análise de mercado deve ser feita em algumas etapas. A primeira refere-se à análise setorial, ou seja, em que ramo de negócios a empresa vai atuar? Como este setor é organizado? Que tipos de empresas atuam no setor? Qual o tamanho do mercado? Quem domina o mercado ou quais são os principais competidores? Note que muitas destas informações você pode obter da análise de oportunidade, caso você tenha feito uma. Em seguida, mostre no plano de negócios qual é o mercado-alvo ou o nicho de mercado que sua empresa vai focar inicialmente dentro deste setor. Esta análise pode, ou não, ser mais detalhada que a análise setorial. Ao apresentar a análise do nicho de mercado, você deve ainda mostrar quais são as necessidades dos clientes em potencial que ainda não são satisfatoriamente atendidas, ou seja, onde está a oportunidade. Após estas duas análises, faça uma descrição comparativa (use uma tabela) dos seus principais concorrentes, apresentando os pontos fracos e fortes tanto deles como os seus. Essa análise é útil para você entender como se posicionar no mercado buscando atender clientes que não são atendidos pelos competidores atuais. Assim, você pode mostrar que terá vantagem competitiva em relação aos principais concorrentes. Utilize como referência as questões a seguir para guiar sua análise de mercado. Note que são várias questões e que respondê-las por completo é quase impossível. Por isso, foque seus esforços em entender como o mercado se comporta e como sua empresa poderá se aproveitar das lacunas ainda não preenchidas pela concorrência.	■ *Baixe uma compilação de dicas sobre como elaborar uma análise de mercado em* www.josedornelas.com.br ■ *No livro* Empreendedorismo: transformando ideias em negócios, *os conceitos relacionados à análise de Mercado e competidores são apresentados em profundidade. Sua leitura pode ser útil caso você queira entender em detalhes cada aspecto-chave dessa seção do plano de negócios.* ■ *Algumas fontes para pesquisa de mercado:* ▫ *Associações comerciais e industriais da cidade, da região, ou do estado;* ▫ *Prefeituras municipais;* ▫ *Entidades de classe;*

2. Mercado e competidores

2.1 Análise do setor

Descreva o setor de negócio, seu histórico e projeções do mercado e as tendências para o futuro. Perguntas-chave que você precisa responder:

- A. Quais são as tendências nesse setor?
- B. Quais fatores estão influenciando as projeções de mercado?
- C. Por que o mercado se mostra promissor?
- D. Qual o tamanho do mercado em reais, número de clientes e competidores? Como será o mercado nos próximos anos?
- E. Como o mercado está estruturado e segmentado?
- F. Quais são as oportunidades e riscos do mercado?

2.2 Mercado-alvo

Perguntas-chave que você precisa responder para entender o segmento ou nicho de mercado:

- G. Qual o perfil do comprador?
- H. O que ele está comprando atualmente?
- I. Por que ele está comprando?
- J. Quais fatores influenciam a compra?
- K. Quando, como e com que periodicidade é feita a compra?
- L. Onde ele se encontra? Como chegar até ele?

Sugestões para avaliar o perfil do consumidor:

Geografia (Onde os consumidores moram?)
- País, região, estado, cidade, bairro etc.
- Moram isolados ou convivem com muitos vizinhos?
- Na região prevalecem temperaturas baixas ou altas? Em que épocas do ano?
- A região tem boa infraestrutura rodoviária, aeroviária, portuária etc.?

Perfil (Como eles são?)
- Pessoas: idade, sexo, tamanho da família, educação, ocupação, renda, nacionalidade, religião, time de futebol, partido político etc.
- Empresas: setor, porte da empresa, número de funcionários, tempo de existência, faturamento, clientes etc.

+ informação

- *Sebrae;*
- *Internet;*
- *Empresas de pesquisa de mercado;*
- *Órgãos do governo (IBGE, ministérios e secretarias, fundações);*
- *Universidades;*
- *Institutos de pesquisa;*
- *Revistas, jornais, periódicos, livros, documentários.*

2. Mercado e competidores

Estilo de Vida (Como vivem e o que fazem?)

- Pessoas: passatempos, hábitos ao assistir à televisão ou acessar a internet, hábitos de consumo (alimentação, vestuário, diversão), atividades sociais e culturais, afiliação a clubes, o que gostam de fazer nas férias etc.
- Empresas: proteção do meio ambiente, doações a eventos beneficentes, investimento em cultura e esportes, investimento no treinamento dos funcionários, benefícios aos funcionários etc.

2.3 Análise da concorrência

Perguntas-chave que você precisa responder:

M. Quem são seus concorrentes?
N. De que maneira seu produto ou serviço pode ser comparado ao dos concorrentes?
O. De que maneira ele está organizado?
P. Ele pode tomar decisões mais rápidas do que você?
Q. Ele responde rapidamente a mudanças?
R. Ele tem uma equipe gerencial eficiente?
S. A concorrência é líder ou seguidora no mercado?
T. Eles poderão vir a ser os seus concorrentes no futuro?

Dica: Você pode conhecer ainda mais do seu público-alvo através de pesquisas de mercado primárias (elaboradas especificamente para conhecer hábitos de consumo e detalhes do seu público-alvo primário e com perguntas chave referentes ao seu negócio). Há vários softwares e empresas que auxiliam na elaboração, aplicação e análise dos resultados de pesquisas de mercado. Exemplos: www.enquetefacil.com e www.surveymonkey.com.

Atenção: Nem sempre é possível e viável economicamente fazer uma pesquisa de mercado primária. Muitas vezes o empreendedor acaba por utilizar apenas dados secundários (informações macro e muitas vezes genéricas) na seção Mercado e competidores do plano de negócios. Porém, tomar decisões apenas com base em dados secundários não é tão simples e eficaz. Nesses casos, cabe tentar fazer um teste piloto do produto/serviço no mercado antes mesmo de colocar a empresa para funcionar. Essa pode ser uma estratégia efetiva.

Cap. 3 ■ *Desenvolvendo um plano de negócios eficaz*

Exemplo da seção Mercado e competidores

O setor de turismo no Brasil

A perspectiva é de crescimento do setor de turismo no Brasil (pergunta "A"). O horizonte parece mais claro para a economia com o arrefecimento da pandemia (perguntas "B" e "C").

As operadoras de turismo fizeram 7,4 milhões de embarques totais de viajantes em 2021, o que representou 14,2% a mais que em 2019, superando o patamar pré-pandemia, segundo dados da Braztoa, que reúne as empresas do setor no país. Ainda de acordo com a Globaldata – empresa de análise e consultoria de dados sediada na Inglaterra – o turismo no Brasil deve superar a média global na recuperação do setor já a partir de 2024.

"Em receita, porém, o setor ainda está atrás do desempenho verificado antes da Covid. O faturamento das empresas em 2021 alcançou R$ 7,1 bilhões. Isso equivale a uma alta de mais de 77% em relação ao ano anterior, mas ainda está 44% abaixo de 2019. Com o arrefecimento da pandemia e a reabertura de fronteiras globalmente, o turismo se prepara agora para a reativação das viagens internacionais, que devem colaborar para a alta no faturamento." (*Revista Exame*)

O volume financeiro movimentado anualmente pelo setor é considerável (pergunta "D").

Exemplo da seção Mercado e competidores

Embarques e desembarques internacionais de passageiros em aeroportos do Brasil (milhões)

Ano	Embarques	Desembarques
2001	4,40	4,90
2002	4,00	4,60
2003	4,60	5,40
2004	5,00	6,2
2005	5,80	6,80
2006	5,80	6,40
2007	6,20	6,40
2008	6,70	6,50
2009	6,60	6,50
2010	8,00	7,90
2011	8,80	8,60
2012	9,30	9,20
2013	9,70	7,70
2014	10,40	10,40
2015	10,50	10,60
2016	10,40	10,20
2017	10,90	10,70
2018	12,00	11,80
2019	12,00	11,80
2020	3,30	3,50

Fonte: Ministério do Turismo.

Exemplo da seção Mercado e competidores

> Há várias empresas que atuam no mercado e a tendência é de crescimento para os próximos anos (pergunta "D").

Segundo pesquisa do Instituto Brasileiro de Geografia e Estatística (IBGE), as atividades turísticas que mais criaram vagas de trabalho nos últimos anos foram aluguel de bens móveis e atividades recreativas, culturais e desportivas. Apesar de haver muitas empresas que atuam no setor de turismo no Brasil (em julho de 2022, eram cerca de 150 mil cadastradas no Cadastur do Ministério do Turismo) e do crescimento recente que este segmento tem experimentado, há espaço para negócios diferenciados com atendimento exclusivo a turistas estrangeiros exigentes e dispostos a pagar por isso.

> Apesar da grande quantidade de potenciais competidores, o setor não está tão bem estruturado e há espaço para novos entrantes (perguntas "D" e "E").

Em relatórios e análises feitas pelo Ministério do Turismo à época da organização da Copa do Mundo de 2014, muitas necessidades de melhoria no setor de turismo foram identificadas. Passada quase uma década, as oportunidades de inovação no setor continuam. Assim, fica evidente a necessidade de desenvolvimento do turismo receptivo local e da melhoria de serviços que levem informação estruturada para auxiliar o turista na definição de pacotes turísticos, locais para visitar, opções de hospedagem, restaurantes e pontos turísticos.

Entre outros aspectos, há muito que se desenvolver para a melhoria dos serviços e para que o acesso à informação ocorra em outras línguas, por exemplo. O desafio para o turista estrangeiro ocorre antes de decidir viajar. Ao buscar na internet informações sobre locais para visitar no Brasil, opções de hospedagem, restaurantes etc. esse turista não encontrará facilmente, na língua inglesa, dados estruturados e atualizados por região, localidade etc.

> Focar no turista estrangeiro é uma oportunidade, mas os riscos estão relacionados principalmente ao número de empresas que atuam no setor e que poderão vir a ser competidores diretos do Tourbr (pergunta "F").

Mercado-alvo

O Brasil é um destino turístico popular entre os viajantes estrangeiros vindos da América do Norte e da Europa, público-alvo prioritário do Tourbr. Os turistas estrangeiros que mais consumiram no país até o início de 2020, ano de início da pandemia de Covid-19, foram os provenientes destas regiões.

Gasto (US$) e Permanência (dias), por Continente

Continente	Gasto per capita (US$)	Permanência (dias)	Gasto per capita dia (US$)
Europa	1715,0	25,4	67,52
América do Norte	1755,4	20,4	85,07
América do Sul	801,0	12,0	66,75
Outros	1909,6	19,6	97,43
Total	1294,22	17,7	73,12

Fonte: Ministério do Turismo.

Exemplo da seção Mercado e competidores

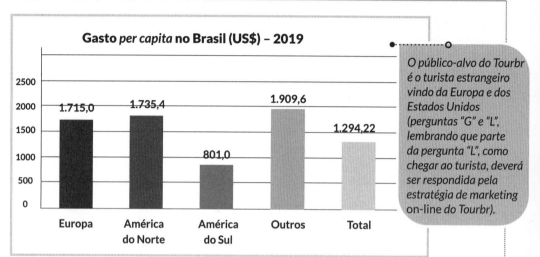

Fonte: Ministério do Turismo.

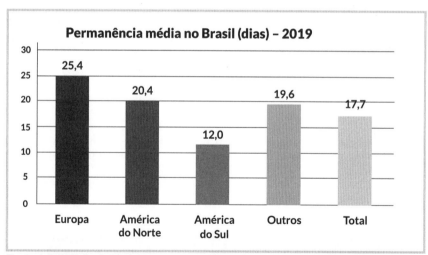

Fonte: Ministério do Turismo.

Embora tenham gastos per capita diários similares, os turistas da Europa permanecem no Brasil cerca de 2 vezes mais do que os da América do Sul.

Cap. 3 ■ Desenvolvendo um plano de negócios eficaz

Exemplo da seção Mercado e competidores

Segundo uma pesquisa sobre os impactos econômicos dos eventos internacionais ocorridos no Brasil, realizada pela Embratur, os gastos com hospedagem, alimentação e transporte são os que prevalecem quando um estrangeiro está visitando o Brasil. Em seguida, destacam-se os gastos com presentes, cultura e lazer.

Analisando-se historicamente os dados dos últimos 10 anos, nota-se pouca variação no ranking dos principais gastos, com exceção do aumento considerável dos gastos com transporte e ainda o aumento dos gastos com cultura e lazer.

Relação dos principais gastos do turista estrangeiro quando em visita ao Brasil (perguntas "H" e "I").

Categoria de Gasto	Média de Gasto por pessoa/ pernoite em 2019 (US$)	Resultado da Pesquisa 2009 (US$)
Hospedagem e Alimentação	184,38	175,32
Transporte	31,50	23,44
Compras e Presentes	28,98	33,74
Cultura e Lazer	27,04	23,38
Telecomunicação	11,10	10,28
Outros	21,58	19,04
Gasto médio diário	304,57	285,10

Fonte: Embratur.

Ainda segundo este mesmo estudo, em 2019 o gasto médio do visitante estrangeiro no Brasil foi de US$ 2.122,86 por pessoa, considerando a permanência média de 7 pernoites no Brasil. Em relação ao perfil do visitante, 39,1% possuem renda acima de US$ 4.000,00; 97,3% possuem nível superior; mais de 70% têm entre 25 e 54 anos; 58% são homens; 57% são casados e 38% pretendem retornar ao Brasil em até dois anos.

Análise mais detalhada do perfil do público-alvo primário do Tourbr (perguntas "G", "I", "J", "K").

Exemplo da seção Mercado e competidores

Pesquisas de mercado são importantes para ratificar as premissas do plano de negócios. No caso do Tourbr há muita informação qualificada disponível na internet sobre o perfil e hábito do público-alvo primário do site.

Pelos dados apresentados, pode-se concluir que o turista estrangeiro típico é jovem e com poder aquisitivo, o que permite dizer que tem fácil acesso à internet, o meio de comunicação e interação do Tourbr com o seu público-alvo. Isso é ratificado por uma pesquisa publicada pela empresa PhoCusWright sobre a avaliação dos compradores *on-line* americanos sobre os *sites* de viagem e correlatos: *Consumer Response to Travel Site Performance*. A maioria dos respondentes (mais de 80%) não encontra problemas em comprar *on-line* e prefere essa opção por sentir mais controle sobre o processo de planejamento da compra. Os compradores *on-line* dizem ainda estar satisfeitos com as compras que realizam.

Assim, o Tourbr poderá proporcionar ao seu público-alvo informações até então precariamente disponíveis ao turista estrangeiro, como mostra o relatório desenvolvido pela FGV e Sebrae para o Ministério do Turismo, intitulado Estudo de Competitividade dos 65 Destinos Indutores do Desenvolvimento Turístico Regional. Entre outros aspectos, destaca-se a necessidade de aprimoramento (no caso dos que já possuem) e desenvolvimento de *sites* para os vários empreendimentos receptivos turísticos regionais, sendo que muitos dos quais não disponibilizam informações *on-line* próprias nem mesmo na língua portuguesa.

Ratifica a oportunidade!

Análise da concorrência

Ao se pesquisar no Google por *sites* de viagens internacionais o turista facilmente encontra muitas opções, pois o setor já é maduro na internet. No entanto, quando se buscam informações de nicho, como é o caso do turismo no Brasil (em inglês), as opções existentes ainda carecem de conteúdo de qualidade, de interatividade com os usuários e, principalmente, de variedade e abrangência. Encontrar informações sobre cidades turísticas brasileiras conhecidas no mundo, tais como Rio de Janeiro e São Paulo, não é difícil, mas quando a busca se estende, por exemplo, para outras localidades dentre os 65 destinos turísticos mais importantes do país, o desafio é considerável, ainda mais para turistas que não dominam a língua portuguesa.

O Tourbr deverá trazer inovação para o mercado de nicho, buscando se diferenciar justamente nos quesitos pouco atendidos pelos concorrentes atuais. O principal competidor mundial e grande *benchmarking* do setor é o Tripadvisor, uma comunidade *on-line* de viagens que recebeu, antes do início da pandemia no fim de 2019, até 500 milhões de visitas por mês (Fonte: Tripadvisor). Seus competidores diretos são Kayak, Yelp, entre outros. Há ainda *sites* de viagem com foco bastante claro em meios de hospedagem, passagens aéreas, locação de carros e, em alguns casos, restaurantes. Esses são considerados agências de viagem *on-line*. Alguns recebem mais de 10 milhões de visitantes/dia. Destacam-se: Hoteis.com e Booking.com.

Note que foi citada a fonte das informações de mercado. Por coerência no momento de comparação, é aconselhável sempre manter a mesma fonte de informação (no caso, dados do site Compete.com).

Apresenta os competidores agrupados por modelo de negócio (pergunta "M").

Cap. 3 ■ Desenvolvendo um plano de negócios eficaz

Exemplo da seção Mercado e competidores

Dos *sites* que possuem informação do Brasil em inglês e em português, destacam-se Decolar, Booking, Hotéis, e outros menos expressivos. A maioria dos principais *sites* foca em meios de hospedagem, passagens aéreas e locação de carros, e menos em informações das localidades. É provável que *sites* de turismo puramente em português ou empresas que atuem no setor no país como agências de turismo venham a criar versões de *sites* mais abrangentes em língua inglesa e em outras línguas (espanhol, italiano, alemão etc.), tornando-se novos entrantes para esse mercado de nicho nos próximos anos.

Essa passagem mostra que o Tourbr evitará competir diretamente com as grandes empresas do setor e busca se diferenciar dos competidores de nicho atuais e futuros (perguntas "O", "P", "Q").

A empresa que conseguir se posicionar como a que possui o *site* mais completo, com informação de qualidade, que oferece transparência ao usuário/turista estrangeiro, bem como meios de interatividade (comunidades *on-line*) e, o mais importante, antecipar-se à concorrência e rapidamente se estabelecer no mercado, poderá ser bem-sucedida. Esse é o objetivo do Tourbr.

A tabela a seguir apresenta uma análise comparativa entre o Tourbr e seus principais concorrentes por modelo de negócio. Excluiu-se na análise a comparação com agências tradicionais (não atuam no modelo *on-line* e, portanto, são competidores indiretos). Não se incluíram ainda na análise os *sites* oficiais do Governo Federal por não terem fins lucrativos.

Como há grupos distintos de concorrentes, a tabela comparativa permite conhecer mais de cada um e, de forma objetiva (ou por interpretação de dados da tabela), ter respostas para as perguntas "R", "S", e "T".

Apresenta a comparação do Tourbr com os principais concorrentes (pergunta "N").

Tópicos de comparação	Tourbr	Comunidades (Tripadvisor, Kayak)	Agências e *sites* com abrangência de informação sobre o Brasil e/ou novos entrantes (Decolar, Hotéis, Booking)
Marca/número de visitantes	N/D.	Forte / Principais competidores mundiais.	Forte / Mas informações são genéricas e não focam, por exemplo, os 65 destinos mais visitados no país.
Abrangência de informação sobre o Brasil	Forte / Será o seu diferencial	Média / Não é o foco, pois priorizam as grandes capitais.	Média / Fornece informação das principais cidades brasileiras, mas não em detalhes.
Comunidade e interatividade entre os usuários	Forte / Será um aspecto chave do *site*.	Forte / Milhões de páginas e avaliações dos próprios usuários.	Forte / Permite o acesso às avaliações dos usuários.

Continua

Exemplo da seção Mercado e competidores

Tópicos de comparação	Tourbr	Comunidades (Tripadvisor, Kayak)	Agências e *sites* com abrangência de informação sobre o Brasil e/ou novos entrantes (Decolar, Hotéis, Booking)
Comércio eletrônico de produtos relacionados ao turismo	Forte / o *site* aproveitará a audiência para vender souvenires do Brasil.	Médio / o foco é maior na venda de pacotes, diárias de hotéis, locadoras etc.	Médio / o foco é maior na venda de pacotes, diárias de hotéis, locadoras etc.
Modelo de negócio	Forte / agregará publicidade, comércio eletrônico e assinaturas (restaurantes e hotéis principalmente).	Forte / Foca principalmente na cobrança de uma taxa dos pacotes vendidos via parceiros (agências *on-line*) e em publicidade.	Forte / Foca principalmente na cobrança de uma taxa dos pacotes vendidos.
Tecnologia, acesso via aparelhos móveis, tablets, celulares	Forte / o aplicativo/ *site* proporcionará ao usuário acesso de todas as plataformas digitais e permitirá a participação dos usuários não apenas com textos, mas também através de vídeos nas comunidades.	Forte / Os usuários conseguem acessar os aplicativos/*sites* de vários tipos de aparelhos. São os mais atualizados em termos tecnológicos.	Forte / Os usuários conseguem acessar os aplicativos/*sites* de vários tipos de aparelhos. São bem atualizados em termos tecnológicos.

Note que não é aconselhável detalhar as respostas às perguntas "O", "P", "Q", "R", "S", "T" no plano de negócios, pois o documento ficaria muito extenso. Por isso, uma tabela comparativa bem estruturada pode facilmente levar o leitor a compreender o mercado e como cada competidor está posicionado. Com isso, as respostas a essas perguntas são obtidas indiretamente.

Exemplo da seção Mercado e competidores

Percebe-se que os competidores de nível mundial são fortes e não seria indicado ao Tourbr ter um posicionamento parecido, mesmo porque se trata de um mercado consolidado e dominado por poucos competidores de grande porte. Por outro lado, como o Tourbr vai justamente utilizar os pontos fortes destes competidores mundiais como referência para o seu *site* de nicho, bem como incorporar novidades, tais como as avaliações de locais de visitação, possibilidade de o usuário enviar vídeo com sua avaliação etc., acredita-se que o *site* possa ser muito bem-sucedido. Além disso, o Tourbr vai beneficiar-se da curva de aprendizagem desses *sites* já existentes, aprendendo com seus erros e acertos, bem como buscar inspiração em outros *sites* correlatos. Assim, será possível desenvolver um modelo de negócio mais completo, envolvendo publicidade, assinaturas para estabelecimentos comerciais aparecem com destaque no aplicativo/*site* e, ainda, o comércio eletrônico. Isso deverá reduzir os riscos do negócio, pois aumentam as possibilidades de receita.

Enfim, a vantagem competitiva principal do Tourbr será a de prover a maior e mais completa relação de opções turísticas em inglês para quem pretende visitar o Brasil, do planejamento inicial da viagem (onde ir, onde ficar, como ir), ao dia a dia do turista no país (que lugares visitar, onde comer, o que fazer), até o retorno para seu país de origem (o que comprar para levar de lembranças, álbum virtual, amigos virtuais).

Resume a vantagem competitiva do Tourbr. Essa premissa pode ser usada na estratégia de marketing do negócio!

Agora, faça a sua análise de Mercado e competidores.

Análise do setor:

Inicie com a análise do setor, mostrando o mercado de forma macro, citando dados históricos e projeções de crescimento. Use tabelas e gráficos para facilitar o entendimento. Não se esqueça de referenciar a fonte das informações. Lembre-se de não detalhar demais esta etapa, deixando a descrição mais completa para as subseções de mercado-alvo e de competidores.

Anote aqui informações adicionais que você julga importantes e que ainda não decidiu se serão incluídas no corpo ou nos anexos do plano (essa anotação será útil para ajudá-lo a revisar o plano de negócios após ser concluído).

Suas anotações:

Cap. 3 ■ *Desenvolvendo um plano de negócios eficaz* 47

Análise do setor:

Suas anotações:

Mercado-alvo:

Na descrição do mercado-alvo, você pode incluir dados secundários e primários (pesquisas de mercado feitas por você ou por empresa especializada que tenha focado em responder as perguntas-chave dessa subseção de maneira específica para o seu negócio). Procure focar na descrição do seu público-alvo primário e no entendimento de seus anseios e necessidades não atendidas.

Anote aqui informações adicionais que você julga importantes e que ainda não decidiu se serão incluídas no corpo ou nos anexos do plano.

Suas anotações:

Mercado-alvo:

Caso você tenha feito uma pesquisa de mercado primária, enfatize esse feito no corpo do plano (e inclua os resultados da pesquisa nos anexos), pois as respostas obtidas poderão deixar as premissas do seu plano de negócios mais fortes e com isso sustentar as projeções de crescimento do negócio. É a partir da análise do mercado-alvo que você define o potencial de crescimento, de receita e lucratividade do seu negócio, apesar desta seção não ser tratada diretamente aqui.

Suas anotações:

Análise da concorrência:

Uma das subseções mais importantes do plano de negócios é a análise dos competidores, pois a partir do conhecimento que você tem sobre seus concorrentes é que você poderá dizer se seu posicionamento no mercado poderá lhe trazer vantagens competitivas e conquistar clientes. Lembre-se que sempre existem concorrentes para todo tipo de negócio. Eventualmente, você pode não encontrar um concorrente direto, que faça a mesma coisa que sua empresa faz, mas se o seu cliente-alvo é atraído por outros negócios e pretere o que você vende, então você tem concorrentes indiretos!

Anote aqui informações adicionais que você julga importantes e que ainda não decidiu se serão incluídas no corpo ou nos anexos do plano.

Suas anotações:

Cap. 3 ■ *Desenvolvendo um plano de negócios eficaz*

Análise da concorrência:

Não se esqueça de fazer uma tabela comparativa com atributos sobre o seu negócio e os dos concorrentes. Caso você tenha mais de um tipo de concorrente, agrupe os principais em colunas da tabela e analise seus pontos fortes e fracos. Você pode ainda atribuir pontuações para esses atributos (por exemplo, de 1 a 10 ou 1 a 100), tanto para o seu negócio como para os dos concorrentes. É uma forma objetiva de analisar o posicionamento dos concorrentes e definir com clareza o que sua empresa fará e o que sua empresa não pretende fazer!

Suas anotações:

Apesar de objetiva, a seção que trata da equipe de gestão do negócio deve ser feita com bastante cuidado. Trata-se de uma seção crítica, pois indica quem, além de você, está (ou estará) envolvido com o negócio, qual o perfil dos gestores e se a equipe encontra-se completa ou necessita de mais pessoas para compor o time de gestão.

3. Equipe de gestão	+ informação
Nesta seção você deve descrever os principais executivos/gestores de seu negócio, mostrando seus pontos fortes, experiência, nível de adequação e envolvimento com o negócio. As pessoas são o ativo mais importante de qualquer empresa, ou seja, um fator crítico de sucesso. Por isso, o plano de negócios deve mostrar que a equipe de nível estratégico está preparada para fazer a empresa crescer. Algumas questões críticas que você precisa responder através da descrição da equipe de gestão são listadas a seguir. A. Quem são os principais envolvidos no negócio? (áreas administrativa/gerencial, marketing/vendas, técnica/produção, financeira etc.) B. De onde eles vêm? C. Qual a experiência prévia de cada um? D. A equipe é complementar? E. Quais as responsabilidades de cada área? F. O que (quem) está faltando?	▪ *Conheça exemplos de descrição da equipe de gestão nos planos de negócios disponíveis para download em www.josedornelas.com.br* ▪ *No livro* Empreendedorismo: transformando ideias em negócios, *você encontra referencial teórico completo sobre esta seção do plano de negócios* ▪ *No livro* Plano de negócios – exemplos práticos, *você encontra exemplos de descrição da equipe de gestão envolvendo pessoas externas à empresa.*
Algumas dicas extras: ▪ Descreva as áreas-chave do negócio e faça uma associação com as pessoas que ocupam estas posições. ▪ Explicite a competência externa (outras áreas ou pessoas de fora da empresa) que você poderá vir a precisar. ▪ Faça uma previsão dos recursos humanos necessários para quando o negócio crescer, bem como deixe clara sua política de recursos humanos e de contratação de pessoal, benefícios oferecidos e custos de pessoal. Essas informações serão úteis na planilha que você está usando para projetar os custos do negócio conforme a empresa cresce. ▪ Anexe os *Curriculum Vitae* (CVs) resumidos (uma página) dos principais executivos e mostre que eles são capazes de superar os desafios que estão por vir.	

 Dica: Evite escrever muitos detalhes sobre cada membro da equipe de gestão. Foque no que é essencial. Informações complementares devem ser apresentadas no anexo do plano de negócios.

 Atenção: Você não deve incluir nesta seção a descrição do perfil dos funcionários de nível operacional e de média gerência. Esta seção é enxuta e deve mostrar quem lidera a empresa e se essa equipe está preparada para o desafio.

Cap. 3 ■ *Desenvolvendo um plano de negócios eficaz*

Exemplo da seção Equipe de gestão

> *Os principais envolvidos no negócio são os dois sócios iniciais, que detêm cada um 50% de participação na empresa e que conhecem tanto negócios na web como negócios no setor de turismo. Isso é essencial para o sucesso do Tourbr (pergunta "A").*

• A Equipe de gestão do Tourbr é liderada e presidida por Antonio Oliveira, experiente executivo de negócios na *web*, já tendo criado outra empresa pontocom, a qual foi vendida com sucesso para um fundo de investimento. Além de Antonio, o Tourbr conta com Marina Ferreira na diretoria de marketing. Marina exerceu cargos de direção por mais de dez anos em agências de turismo no Brasil e no exterior. A equipe de gestão não está completa e espera-se que antes da implantação efetiva do negócio sejam contratados um diretor administrativo/financeiro e um diretor de tecnologia. Além da Equipe de gestão que atuará no dia a dia do negócio, a empresa contará com o apoio de executivos externos, atuando como membros do Conselho Consultivo que será criado. Este Conselho terá reuniões periódicas a cada 30 dias no primeiro ano da operação do negócio e, a partir do segundo ano, essas reuniões passarão a ser bimestrais. Os CVs dos gestores do Tourbr podem ser encontrados em anexo. A seguir, apresentamos uma breve descrição de cada um, bem como do perfil desejado para os demais diretores que serão contratados.

> *Há a preocupação de se mostrar conhecimento da gestão de pessoas e não ocultar que a equipe ainda precisa ser complementada com executivos a ser contratados (pergunta "F").*

> *Note que os CVs completos estão anexos. Caso você tenha a numeração exata de qual anexo, cabe apresentar aqui.*

• **Antonio Oliveira,** *presidente*

Antonio é formado em engenharia pela USP, com MBA em gestão pela FGV. Criou o *site* farofino.com.br no final da década de 1990 e o vendeu para um fundo de investimento americano por US$ 20 milhões em 2001. Desde então, tem atuado como investidor-anjo em novos negócios na *web* e como consultor de grandes projetos na *web* de empresas multinacionais. Tem experiência no planejamento de negócios e na execução, sendo orientado a metas e com capacidade de gerir equipes ecléticas, em razão de seu bom relacionamento interpessoal. É fluente em inglês e se comunica bem em espanhol.

> *A descrição objetiva e resumida dos CVs dos sócios ajuda a conhecer a experiência de cada um (perguntas "B" e "C").*

• **Marina Ferreira,** *diretora de marketing*

Marina é administradora de empresas, com mestrado em comunicação e cursos de extensão em Marketing e vendas nos Estados Unidos. Iniciou sua carreira como consultora de vendas de pacotes turísticos em uma operadora de turismo na Califórnia, aonde permaneceu por 5 anos até se tornar gerente de vendas. Retornou ao Brasil em 2015 e atuou desde então como diretora de marketing de um portal de negócios B2B, dobrando as vendas da empresa em menos de 2 anos. Decidiu tornar-se empreendedora do próprio negócio, criando o Tourbr. É fluente em inglês e espanhol e sabe gerenciar orçamentos com foco em resultados.

Exemplo da seção Equipe de gestão

Diretor de tecnologia

O perfil do ocupante desta posição na empresa deverá contemplar experiência mínima de dez anos em implantação e gestão tecnológica de projetos *web*. Será dada prioridade a um profissional que já tenha participado da criação de empresas de tecnologia e que conhece a fundo as tecnologias mais atuais de desenvolvimento *web* e hospedagem de *sites*. Conhecimentos de fornecedores e relacionamento com agências de desenvolvimento *web* serão um diferencial, bem como o domínio da língua inglesa.

Diretor administrativo/financeiro

Esta diretoria deverá ser ocupada por um profissional com experiência mínima de 5 anos no desenvolvimento de orçamentos e consolidação de demonstrativos financeiros, bem como análise de fluxo de caixa, balanço e demonstrativo de resultados. Conhecimentos avançados de técnicas de valoração de empresas e desenvolvimento de planos de negócios são desejáveis, além de experiência prévia em negociações com fundos de investimento.

> *Pela descrição dos CVs tanto dos sócios como dos demais diretores que serão contratados, nota-se que há a preocupação de se constituir uma equipe com perfis e conhecimentos complementares e ter os papéis de cada gestor bem definidos na empresa (perguntas "D" e "E").*

A empresa contará ainda com assessorias jurídica e contábil externas de acordo com a necessidade. Outras áreas que serão terceirizadas de acordo com a demanda: desenvolvimento do *site*, publicidade, assessoria de imprensa etc. (através de uma agência *web*). Além dos gestores atuais e dos que serão contratados, a empresa já conta em seu Conselho Consultivo com a participação dos seguintes executivos:

- André Ribamar Sousa – fundador e presidente do portal de negócios PdN.
- Vanessa Ferraz de Vasconcelos – diretora-geral para as Américas da empresa de mídia TodaMiddia.
- Henrique Mourão Lima e Silva – sócio do escritório de advocacia HMLS & Associados, um dos principais do país, especializado em fusões e aquisições.
- Prof. Dr. Lenilson Stanislau – professor emérito de empreendedorismo da Escola Mundial de Fazedores.

> *Além dos executivos que atuarão no dia a dia, o plano mostra que a empresa contará com assessoria externa e com um Conselho Consultivo, o que agrega muito valor ao negócio! (perguntas "D" e "E").*

Todos os conselheiros serão remunerados de acordo com sua participação nas reuniões do Conselho do Tourbr. O valor de remuneração praticado inicialmente será de R$ 2 mil por dia de reunião.

O diretor-presidente e o de marketing (sócios do Tourbr com 50% de participação cada um) receberão pró-labore em torno de um salário mínimo nos dois primeiros anos do projeto. O salário dos demais diretores será de R$ 10 mil mensais. Todos os funcionários da empresa receberão como benefício: auxílio transporte, plano de saúde e auxílio alimentação.

> *Informações sobre a remuneração dos executivos, valor dos salários e dos benefícios podem ser citadas objetivamente nesta seção, mas deverão ser detalhadas na planilha que comporá os custos do negócio. Esta planilha não faz parte do corpo do plano, mas deve estar à mão quando alguma dúvida surgir sobre as premissas utilizadas nas projeções do PN.*

Exemplo da seção Equipe de gestão

Um organograma da empresa e a evolução do número de funcionários para os próximos 5 anos são apresentados a seguir. Todos os processos de negócios da empresa serão desenvolvidos envolvendo as três diretorias do negócio: Marketing, Tecnologia e Administrativo-Financeira.

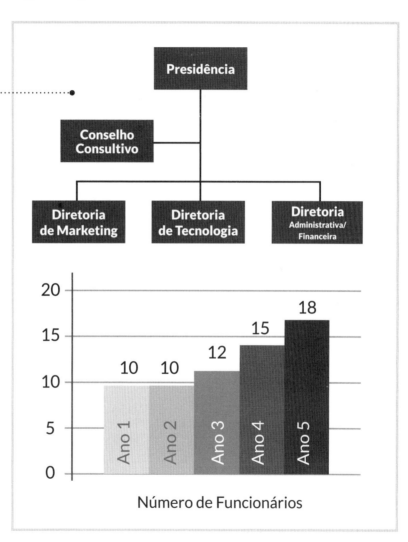

O organograma e a evolução do número de funcionários devem estar condizentes com as demais seções do plano, principalmente a seção financeira. Note ainda que este organograma e a evolução do número de funcionários poderiam ser incluídos na seção Estrutura e operações. Porém, não repita a mesma informação em seções diferentes do PN, pois você deve primar pela objetividade.

Agora, descreva a seção Equipe de gestão do seu negócio.

Equipe de gestão:

Inclua aqui a descrição da Equipe de gestão do seu negócio. Procure limitar a descrição a uma página ou no máximo uma página e meia.

Anote aqui informações adicionais que você julga importantes e que ainda não decidiu se serão incluídas no corpo ou nos anexos do plano (essa anotação será útil para ajudá-lo a revisar o plano de negócios após ser concluído).

Suas anotações:

Cap. 3 ■ Desenvolvendo um plano de negócios eficaz

A seção de Produtos e serviços é destinada à descrição do que você vai disponibilizar ao seu público-alvo, ou seja, os Produtos e serviços do seu negócio. Há empresas focadas apenas na venda de produtos e outras apenas em serviços ou ambos. Então, dependendo de como será o seu negócio esta seção pode ser desenvolvida de maneiras diferentes. Porém, os conceitos apresentados a seguir se aplicam para qualquer negócio.

4. Produtos e serviços	+ informação
Nesta seção, você deve descrever de maneira objetiva (sem entrar em detalhes técnicos, que podem ser colocados em anexo no plano de negócios) quais são os seus Produtos e serviços. Além disso, procure destacar os seguintes atributos referentes aos produtos/serviços que sua empresa vai ofertar: A. Benefícios* e Diferenciais – Quais os benefícios proporcionados por seus produtos/serviços e o que os tornam especiais? B. Utilidade e Apelo – Qual a finalidade dos produtos/serviços? Para que servem? Qual o apelo que procuram atender? C. Tecnologia, P&D (Pesquisa e Desenvolvimento), Patentes (Propriedade Intelectual) – Há inovação tecnológica? Você domina a tecnologia? Há alguma patente? D. Ciclo de Vida – Em que estágio do ciclo de vida encontra-se o produto/serviço? Você pode usar a Matriz BCG (Boston Consulting Group) para analisar o portfólio de produtos da empresa.	■ *Saiba como utilizar a Matriz BCG para analisar o portfólio de produtos de sua empresa. Conheça uma apresentação ilustrativa em www.josedornelas.com.br* ■ *No livro* Empreendedorismo: transformando ideias em negócios, *você encontra referencial teórico completo sobre esta seção do plano de negócios.*

*Ao descrever um produto ou serviço é comum e mais fácil falar das suas características, mas no plano de negócios o mais importante é ressaltar os benefícios que o cliente tem ao utilizar os seus Produtos e serviços. Você deve explicar porque os seus produtos/serviços se diferenciam da concorrência e por que os clientes escolheriam a sua empresa. Em síntese, busque responder à pergunta: "O que tem de especial nos produtos/serviços da sua empresa?"

Entenda as diferenças entre características e benefícios:

Características	Benefícios
Tamanho	Conveniência
Formato	Segurança
Peso	Garantia
Dimensão	Não precisa atualizar
Cor	Traz amor, saúde e felicidade
Feito de...	
Usado para...	Fácil de usar

4. Produtos e serviços

Portfólio de produtos/serviços

Caso sua empresa tenha vários produtos, é aconselhável descrever o portfólio de produtos por grupos ou categorias. Atente para os seguintes aspectos que devem ser considerados em um portfólio de produtos, mas que não necessariamente precisam ser detalhados no plano de negócios (você pode incluí-los nos anexos do seu PN):

- Plano de desenvolvimento dos produtos (ações e prazos críticos para desenvolver e obter cada produto).
- Plano de testes, análise de viabilidade, composição de custos, lançamento e avaliação dos produtos (não há necessidade de se detalhar este tópico no PN, mas cabe mostrar que a empresa o considera como crítico).
- Plano de acompanhamento e gestão dos produtos (métricas, ou seja, indicadores que mostrarão como os produtos estão sendo desenvolvidos e entregues).
- Divisão dos produtos em categorias (por exemplo, por prazo de venda, tipo de aplicação, modelo comercial, prazo de retorno de investimento: curto, médio e longo prazos).

Ciclo de vida de produtos

Normalmente, os produtos (e serviços) têm um ciclo de vida típico como o apresentado no gráfico. Dependendo do estágio do ciclo de vida de um produto você pode tomar decisões de investimento em Marketing e vendas mais apropriadas e que trarão melhores resultados. Veja o exemplo a seguir.

1. Introdução do Produto: custos elevados de promoção e fabricação; margens apertadas.

2. Crescimento: aumento de demanda; melhoria na relação promoção/vendas.

3. Maturação: estabilização das vendas; pressão por redução de preços.

4. Declínio: desaparecimento do produto.

Dica: Evite descrever detalhes de todos os produtos de sua empresa. Caso a empresa esteja em fase inicial, concentre-se em grupos de produtos e em poucos produtos. No início de qualquer negócio o FOCO se mostra, na maioria das vezes, uma estratégia vencedora.

Atenção: O referencial teórico sobre o desenvolvimento e gestão de produtos é vasto e pode ser utilizado como base para você desenvolver esta seção do plano de negócios. Porém, como o PN é um documento objetivo e estratégico, evite descrever características técnicas e itens de manuais de produtos, que podem ser anexados ao PN para que o leitor interessado conheça os detalhes.

Exemplo da seção Produtos e serviços

> *O primeiro parágrafo deixa claro as categorias de serviços do Tourbr.*

O Tourbr é um *site* inicialmente em inglês, construído de forma a estabelecer comunidades de turistas que interagem, opinam, avaliam, enviam e assistem a vídeos de maneira a conhecer os destinos turísticos mais importantes do Brasil. O *site* tem duas categorias de serviços: uma focada no público de turistas estrangeiros, que buscam informações sobre o Brasil; e outra focada nos anunciantes, prioritariamente brasileiros, que compram espaços publicitários no *site* e também fazem assinaturas para ter acesso a pesquisas e informações privilegiadas sobre hábitos de consumo, e ainda podem participar em promoções e divulgações do *site*, bem como interagir com a comunidade de visitantes do Tourbr.

Além disso, o *site* disponibiliza uma seção de *e-commerce* com produtos tipicamente brasileiros (principalmente os artesanais, que têm um apelo especial junto ao turista estrangeiro), e que poderão ser adquiridos antes, durante ou após o visitante estrangeiro conhecer o país.

> *A seção de e-commerce pode se tornar uma importante fonte de receita a partir do momento em que o site tiver grande número de visitantes. Sites com 500 a 1000 visitantes únicos/dia já podem ser considerados aptos a faturar com e-commerce, pois terão um fluxo mínimo de pessoas interessadas em seus serviços.*

Público-alvo de turistas estrangeiros

O turista estrangeiro não pagará nada para ter acesso aos principais recursos do Tourbr (exceto para alguns serviços muito específicos), bastando que se cadastre e responda a uma pesquisa de hábitos de consumo e preferências turísticas. A partir do cadastro, o turista poderá conhecer as seguintes seções do *site*:

Top places: Lugares mais visitados no Brasil e indicados por outros turistas, ranqueados em: aventura, lugar secreto, melhor comida, melhor paisagem, melhor programa turístico, melhor infraestrutura, melhor serviço, melhor custo-benefício etc. A ideia desta funcionalidade é que seja modificada e aperfeiçoada pelos próprios visitantes do *site*, que através da comunidade do Tourbr poderão "construir" novos filtros, sugerindo ao *site* sua implementação.

> *Um dos benefícios do Tourbr é a gratuidade. Porém, o que fará a diferença em relação aos competidores será o foco no Brasil e a densidade e qualidade da informação (pergunta "A"). Note que em nenhum momento houve a preocupação em se descrever caracterísiticas técnicas do site (pergunta "A": caracterísiticas x benefícios).*

Exemplo da seção Produtos e serviços

Curiosidades: Histórias que só um *site* especializado no Brasil poderia propiciar. A partir de pesquisas específicas feitas pela equipe do Tourbr ou por terceiros contratados, incluindo vídeos e fotos, o visitante do *site* poderá conhecer detalhes e curiosidades sobre as localidades, hotéis, restaurantes, e demais assuntos de interesse do turista que vier (ou pretenda vir) ao Brasil, focando, inclusive, em localidades pouco conhecidas.

Hotéis, restaurantes, locação de carros e correlatos: O objetivo do Tourbr não é ser uma agência de viagens *on-line*, mas manterá convênio com os principais *sites* especializados neste nicho de mercado, apresentando ao visitante do *site* as melhores opções para que este decida qual contratar. Além da apresentação das agências *on-line* e suas ofertas comparativas sempre será dado destaque aos comentários da comunidade do Tourbr.

Guia local: Opção para o turista encontrar um guia local indicado pelo Tourbr para assessorá-lo nos passeios e demais demandas quando em visita ao Brasil. Será um serviço exclusivo, não gratuito, voltado aos turistas Premium.

Comunidade: Mais que um ambiente para troca de ideias, será o termômetro do *site*, onde a Equipe de gestão pesquisará a necessidade de melhorias, novas funcionalidades, e manterá um canal aberto de comunicação com os visitantes.

Além das seções que farão parte da versão inicial já no lançamento do Tourbr a ideia é que o aplicativo/*site* esteja sempre em desenvolvimento de novas funcionalidades, priorizando o fácil acesso à informação, a usabilidade e o *design* moderno e agradável para atrair e reter o visitante que acessa o Tourbr. A equipe de tecnologia estará em contato permanente com a empresa parceira desenvolvedora da solução tecnológica do aplicativo/*site* para que quaisquer inovações tecnológicas sejam prontamente adotadas pelo Tourbr, não se limitando ao acesso apenas por computadores pessoais, incluindo celulares, tablets, entre outros.

> A utilidade e apelo do Tourbr é permitir ao turista estrangeiro encontrar de forma objetiva, em um só lugar, tudo o que precisa para planejar e executar a sua viagem ao Brasil (pergunta "B").

> **Obs.:** O Tourbr ainda não possui um protótipo do aplicativo/site, com telas e disposição das funcionalidades, e por isso há apenas a descrição das suas principais funções/seções. Porém, se houvesse pelo menos um protótipo inicial do site, com design de telas e identidade visual, com certeza agregaria muito valor à seção de Produtos e serviços, pois mostraria ao leitor o que de fato seria vendido. Por isso, quando você tiver informações visuais de seus produtos/serviços, cabe incluí-las no PN para facilitar o entendimento do leitor.

> Os aspectos tecnológicos são importantes em qualquer empresa web. O Tourbr está optando por terceirizar o desenvolvimento da solução do aplicativo/site, com a premissa de mantê-lo atualizado com as principais novidades tecnológicas do setor. O ciclo de vida de um site na web é curto, caso se queira mantê-lo atualizado. Além disso, é provável que a solução seja versada para outras línguas (espanhol, português etc.) em algum momento. Por isso, mesmo não sendo o detentor da tecnologia, a solução não ser passível de patenteamento e depender de terceiros, a gestão tecnológica do produto (site) será fator-chave para o sucesso do Tourbr (perguntas "C" e "D").

Exemplo da seção Produtos e serviços

As cidades que serão priorizadas para ter conteúdo alimentado no *site* seguirão a relação das principais cidades de turismo receptivo no Brasil. As ações comerciais locais de venda de publicidade para estabelecimentos dessas cidades seguirão a estratégia estabelecida no plano de marketing do Tourbr.

Público-alvo de anunciantes

Os anunciantes do Tourbr podem ser classificados em estabelecimentos comerciais locais e em grandes anunciantes. Os estabelecimentos locais são os hotéis, restaurantes e demais negócios interessados em aparecer com destaque (*link* patrocinado no Tourbr) no momento da busca do turista por informações específicas sobre uma determinada localidade. Esses anunciantes locais poderão pagar tanto por clique (só pagam quando alguém clica em seu anúncio) como através de uma mensalidade/assinatura que lhes dará direito a um pacote de serviços do Tourbr, incluindo: garantia de sair em destaque nas buscas da localidade, relatório customizado de número de visitantes que se interessaram por seu estabelecimento e procedência, possibilidade de envio de mala direta *on-line* para grupos de interesse aos turistas que aceitarem receber *e-mail* marketing, acesso com destaque à comunidade do Tourbr, sendo descrito como estabelecimento parceiro, entre outros.

> Para o anunciante, a utilidade e o apelo estão em poder concentrar seus esforços de marketing em um site que atrairá público qualificado para seu estabelecimento (pergunta "B").

Os grandes anunciantes são os que buscam comprar exposição massiva no Tourbr através de banners e outras formas de publicidade visual na home e em páginas internas do Tourbr, bem como ter acesso, via *e-mail* marketing e em posts patrocinados, à comunidade como um todo.

> A venda para grandes anunciantes normalmente se dá através de agências de publicidade, diferentemente da venda aos estabelecimentos locais, que poderá ser feita diretamente no aplicativo/site e via o serviço de telemarketing ativo. Porém, na planilha do Tourbr a receita de publicidade foi consolidada de forma única, não havendo essa diferenciação.

> **Obs.:** Não se falou de "como" serão feitas as pesquisas dos pontos turísticos, a obtenção e alimentação da informação no site e da gestão dos produtos, mas presume-se que estes planos de ação sejam detalhados pela equipe do Tourbr, apesar de não fazerem parte do plano de negócios!

E-commerce

O *shopping* do Tourbr terá a oferta de produtos tipicamente brasileiros, tais como objetos artesanais, suvenires etc., de variados produtores, priorizando comunidades rurais, ONGs, cooperativas de demais iniciativas que visem à valorização da arte e criação brasileiras. Os negócios/estabelecimentos que terão seus produtos ofertados no Tourbr serão selecionados criteriosamente não só pela qualidade dos produtos que disponibilizarão no *site*, mas pelo seu propósito social e preocupação com a sustentabilidade. Isso será divulgado no *site* para que os turistas saibam o que estão comprando e qual o destino do dinheiro arrecado no shopping. Inicialmente, o Tourbr cobrará apenas uma taxa fixa de serviço dos fabricantes para que estes vendam seus produtos no *site* (similar à mensalidade cobrada dos estabelecimentos comerciais para terem destaque no *site*). Essa política comercial será alterada posteriormente. Nesse caso, o Tourbr cobrará um percentual sobre todas as vendas de produtos feitas pelo *site* (em torno de 30%).

Agora, descreva a seção Produtos e serviços do seu negócio.

Produtos e serviços:

Inclua aqui a descrição dos Produtos e serviços do seu negócio. Procure limitar a descrição a uma página e meia ou no máximo 2 páginas.

Anote aqui informações adicionais que você julga importantes e que ainda não decidiu se serão incluídas no corpo ou nos anexos do plano (essa anotação será útil para ajudá-lo a revisar o plano de negócios após ser concluído).

Suas anotações:

Cap. 3 ■ Desenvolvendo um plano de negócios eficaz

Produtos e serviços:

Caso sua empresa possua vários produtos, procure categorizá-los e não se preocupe em descrever em detalhes cada produto. Você pode incluir exemplos de produtos, focando nos benefícios que proporcionam aos clientes-alvo da empresa. Características técnicas, manuais e demais descrições detalhadas podem (ou devem, caso sejam imprescindíveis para a compreensão do leitor do plano acerca dos produtos) ser colocadas nos anexos do plano de negócios.

Anote aqui informações adicionais que você julga importantes e que ainda não decidiu se serão incluídas no corpo ou nos anexos do plano (essa anotação será útil para ajudá-lo a revisar o plano de negócios após ser concluído):

Suas anotações:

A seção de Estrutura e operações deve ser uma das mais objetivas do plano de negócios, pois os aspectos operacionais do negócio devem ser tratados em outro tipo de plano: o plano operacional. Mas, mesmo assim, cabe citar o que é mais relevante da estrutura do negócio e de seus processos de negócio (como a empresa funciona e como as várias áreas se relacionam) para proporcionar um entendimento mínimo ao leitor do PN.

5. Estrutura e operações	+ informação
Note que a seção de Estrutura e operações é uma continuação da seção de Produtos e serviços e também de Equipe de gestão. Por isso, você pode incluir aqui informações que não tenham ficado claras nessas seções anteriores, mas priorizando a objetividade. Assim, alguns tópicos são questionados novamente nesta seção. Mas não há a necessidade de repetir o mesmo conteúdo no PN, caso você já tenha tratado do tema nas seções de Produtos e serviços ou Equipe de gestão.	▪ *Encontre exemplos de descrição da seção de Estrutura e operações em www.josedornelas.com.br.* ▪ *No livro* Empreendedorismo: transformando ideias em negócios, *você encontra referencial teórico completo sobre esta seção do plano de negócios.*

A. Pesquisa e Desenvolvimento – Há uma área ou política de P&D e um plano de investimentos neste setor?

B. Alianças Estratégicas – Quais parceiros são chave para o negócio prosperar?

C. Tecnologia – Você detém o conhecimento tecnológico? Ou sabe como obtê-lo?

D. Critérios de seleção de produtos – Como é a política de investimento em novos produtos?

E. Produção e Distribuição – Há uma estrutura de manufatura? Quem faz a distribuição dos produtos acabados?

F. Serviços pós-venda – Há uma estrutura dedicada a este setor na empresa?

G. Propriedade intelectual (marcas e patentes) – Você detém o direito de uso da marca/patente? Há um diferencial competitivo e inovação no que você faz?

H. Regulamentações e certificações – Há questões legais críticas para o negócio funcionar? Sua empresa atende a estas demandas legais?

Além disso, considere os seguintes tópicos que podem ser incluídos na seção Estrutura e operações:

▪ Organograma funcional (caso ainda não tenha sido inserido na seção de Equipe de gestão).
▪ Máquinas e equipamentos necessários.
▪ Processos de negócio.

Cap. 3 ■ *Desenvolvendo um plano de negócios eficaz*

5. Estrutura e operações

- Processos de produção e manufatura (caso se aplique).
- Política de recursos humanos (salários, benefícios, promoções, plano de carreira...).
- Previsão de recursos humanos (caso ainda não tenha sido inserido na seção de Equipe de gestão).
- Fornecedores (serviços, matéria-prima etc.).
- Infraestrutura e planta (*layout*).
- Infraestrutura tecnológica.

Dica: Não tente abordar todos os tópicos referentes à Estrutura e operações aqui citados, pois o objetivo desta seção é apenas mostrar os mais importantes em poucas linhas de texto e/ou utilizando gráficos e tabelas. Use o referencial teórico para definir o que você considera mais importante para constar na seção Estrutura e operações do seu PN.

Atenção: Atente para não repetir a mesma informação em seções distintas do PN. Note que as seções de Equipe de gestão, Produtos e serviços e Estrutura e operações têm informações relacionadas e caso você não fique atento poderá repetir dados de forma desnecessária no seu plano de negócios.

Exemplo da seção Estrutura e operações

O Tourbr é gerido a partir de um escritório de 60m2 em São Paulo, que contempla toda a infraestrutura necessária para funcionar (telefonia, internet, computadores etc.), bem com todas as regulamentações e obrigações legais, e terceiriza todo o desenvolvimento do *site* com empresas especializadas, utilizando as principais inovações tecnológicas do setor e tendo preocupação com os aspectos de usabilidade e em ter *design* agradável e moderno. Isso tudo visa à fidelização do usuário final. A hospedagem do aplicativo/*site* é feita em empresa de hospedagem de *sites* referência no Brasil, com a configuração de servidores em nuvem. Isso permite a rápida escalabilidade do *site*, melhorando a configuração dos servidores, caso o aumento do número de acessos ocorra de forma brusca.

> *O Tourbr é uma empresa web que terceiriza os processos tecnológicos e foca seus esforços no atendimento ao usuário final e a seus clientes/anunciantes (as perguntas "B", "C" e "H" são respondidas indiretamente).*

Apesar de ser uma empresa *web*, que tem o seu *site* como referência para atender aos seus clientes, seus processos de negócio envolvem:

- desenvolvimento e evolução das funcionalidades do *site* (melhoria das funcionalidades atuais do *site*, criação de novas seções, alimentação de informação, novos canais, novos Produtos e serviços, pesquisas de satisfação com usuários);
- acompanhamento diário de desempenho das vendas e elaboração de relatórios gerenciais;
- suporte aos usuários finais e pós-venda (anunciantes e assinantes);
- desenvolvimento e gestão de parcerias (alimentação de informação no *site*, indicação de locais/hotéis/restaurantes etc.);

> *Note que não há a necessidade de se detalhar como os processos de negócios ocorrem, mas cabe citá-los. Apesar da seção ter a denominação Estrutura e operações, não se deve detalhar a descrição de aspectos operacionais no plano de negócios (as perguntas "A", "D", e "F" são respondidas indiretamente).*

Exemplo da seção Estrutura e operações

- Marketing e vendas (parcerias comerciais, contato com agências, gestão de campanhas de vendas);
- gestão administrativa e de pessoal;
- gestão financeira e métodos de pagamento (contas a pagar/receber e *e-commerce*).

Esses processos são desenvolvidos sob uma estrutura organizacional que envolve três diretorias: Marketing, Tecnologia e Administrativo-Financeira.

A política de recursos humanos tem como prioridade um plano de carreira para todos os funcionários, reservando parte das ações da empresa para distribuição entre os funcionários de forma progressiva (*stock option*, considerando cargo/função, tempo de empresa e avaliação de desempenho) como forma de motivá-los e de formar uma equipe coesa e comprometida. Todos os funcionários terão um conjunto de benefícios que inclui plano de saúde, vale-transporte, auxílio alimentação, e ainda receberão bônus de final de ano (após a empresa atingir o fluxo de caixa positivo e caso a empresa atinja suas metas). A empresa iniciará com 10 funcionários e chegará ao quinto ano com 18 pessoas em seus quadros.

Algumas parcerias estratégicas com hotéis de referência em importantes cidades turísticas, bem como com restaurantes de destaque e outros prestadores de serviços turísticos e comerciais serão desenvolvidas para proporcionar diferenciais e vantagens especiais aos usuários do Tourbr. Além disso, todo o processo de *e-commerce* será terceirizado, ou seja, a empresa não manterá estoques de produtos, pois os mesmos serão distribuídos diretamente pelas empresas/entidades que os produzem e o Tourbr será apenas um canal de vendas.

> *Houve a preocupação de se tratar da política de recursos humanos sem se repetirem as informações de estrutura organizacional, pois já foram citadas na seção de Equipe de gestão.*

> **Obs.:** *Não foi respondida a pergunta "G". Nesse caso, espera-se que tenha havido a preocupação de registro do domínio Tourbr por vários anos e que a empresa desenvolva uma marca forte. Mas esse tópico deve ser tratado no plano de Marketing e vendas do negócio.*

> *Note que não há parceiros estratégicos-chave predefinidos, mas a empresa focará esforços em obtê-los (pergunta "B").*

> *A pergunta "E" não é respondida diretamente, pois o processo é terceirizado!*

Cap. 3 ■ Desenvolvendo um plano de negócios eficaz

A seção Marketing e vendas é uma das mais importantes do plano de negócios, pois é aqui que você mostrará como o seu modelo de negócio vai ser colocado em prática, qual a previsão de vendas e como vai vender. A estratégia de marketing mostra o que será feito para que seu produto/serviço emplaque no mercado e a projeção de vendas mostra os esultados que serão obtidos.

6. Marketing e vendas

Há várias maneiras de se estruturar e descrever uma estratégia de marketing, mas a mais comum e simples foca nos chamados 4Ps (posicionamento do produto/serviço, preço, praça, promoção). Ao desenvolver uma proposição de estratégia que foque nestes quatro temas você estará construindo as bases para fazer sua empresa crescer. As sugestões a seguir aplicam-se tanto para empresas já existentes, como para empresas iniciantes. Ao descrever a estratégia de marketing do seu plano de negócios não há a necessidade de se abordar todos os aspectos aqui citados, já que são opções estratégicas e não uma imposição!

- Encontre exemplos de descrição da seção de Marketing e vendas em www.josedornelas.com.br.

- Também em www.josedornelas.com.br, você poderá obter exemplos de posicionamentos de valor para sua estratégia de marketing.

- No livro Empreendedorismo: transformando ideias em negócios, você encontra referencial teórico completo sobre esta seção do plano de negócios.

- Em www.josedornelas.com.br/plano-de-negocios, você encontra cursos práticos em vídeo que explicam como fazer a seção Marketing e vendas de um plano de negócios.

A. *Posicionamento (produto/serviço): Como você quer que seus produtos/serviços sejam vistos e percebidos pelos clientes? Como você vai se diferenciar da concorrência?*
- Promover mudanças na combinação/*portfólio* de produtos.
- Retirar, adicionar ou modificar o(s) produto(s).
- Mudar *design,* embalagem, qualidade, desempenho, características técnicas, tamanho, estilo, opcionais.
- Consolidar, padronizar ou diversificar os modelos.

B. *Preço: Qual a política de preços que sua empresa vai praticar?*
- Definir preços, prazos e formas de pagamentos para produtos ou grupos de produtos específicos, para determinados segmentos de mercado.
- Definir políticas de atuação em mercados seletivos.
- Definir políticas de penetração em determinado mercado.
- Definir políticas de descontos especiais.

C. *Praça (canais de distribuição): Como seus produtos/serviços chegarão até os clientes?*
- Usar canais alternativos.
- Melhorar prazo de entrega.
- Otimizar logística de distribuição.

Agora, descreva a seção Estrutura e operações do seu negócio.

Estrutura e operações:

Inclua aqui a descrição da seção Estrutura e operações do seu plano de negócios. Procure limitar a descrição a uma página ou no máximo uma página e meia.

Anote aqui informações adicionais que você julga importantes e que ainda não decidiu se serão incluídas no corpo ou nos anexos do plano (essa anotação será útil para ajudá-lo a revisar o plano de negócios após ser concluído).

Suas anotações:

Estrutura e operações:

Caso considere pertinente, você pode incluir um fluxograma dos principais processos de negócios de sua empresa, o layout *da fábrica*, ou ainda, anexá-los ao PN. Uma lista das principais máquinas e equipamentos do processo produtivo também pode ser anexada ao seu plano de negócios. Só inclua estas informações no corpo do PN caso sejam relevantes para o entendimento do leitor.

....
....
....
....
....
....
....
....
....
....
....
....
....
....
....
....
....
....
....

Anote aqui informações adicionais que você julga importantes e que ainda não decidiu se serão incluídas no corpo ou nos anexos do plano (essa anotação será útil para ajudá-lo a revisar o plano de negócios após ser concluído).

....
....
....
....
....
....
....

Suas anotações:

6. Marketing e vendas

D. Propaganda/comunicação: Como seus clientes ficarão sabendo dos seus produtos/serviços?
- Definir novas formas de vendas; mudar equipe e canais de vendas.
- Mudar política de relações públicas.
- Mudar agência de publicidade e definir novas mídias prioritárias.
- Definir feiras/exposições que serão priorizadas.

O fechamento do modelo de negócio se dá com a definição do modelo de vendas da sua empresa. Basicamente você tem os modelos de venda direta, indireta ou uma combinação de ambos. Lembre-se que no início de qualquer empresa é muito difícil querer diversificar e ter vários canais de vendas ao mesmo tempo, pois a empresa ainda não está com o modelo de negócio validado. Mas isso não é uma regra 100% verdadeira. Sempre haverá exceções!

Modelo de negócio (e seus canais de vendas):
- *Venda indireta.*
- *Distribuidores.*
- *Licenciamento.*
- *Força de vendas.*
- *Parceiros estratégicos.*
- *Venda direta.*

Exemplos de ações relacionadas à venda direta e suas implicações:
- Força de vendas, catálogo, *site* (*e-commerce* próprio).
- Atentar para os custos para manter infraestrutura de vendas.
- Pode ser usado tanto para produtos com baixas como altas margens.
- Deve-se atentar para: ciclo das vendas, complexidade do produto, estrutura de comissionamento, treinamento da força de vendas.

Exemplos de ações relacionadas à venda indireta e suas implicações:
- Atentar para que se tenha o cuidado de alimentar os canais.
- Catálogos industriais, representantes, revendas...
- Pressão sobre as margens.
- Custos para manter a infraestrutura de vendas (compare com direta).
- Também pode ser usado para produtos de alta e baixa margens.

E. Projeção de vendas e participação de mercado: Quanto sua empresa vai vender e quando? Quanto de participação de mercado sua empresa vai conseguir e quando?

6. Marketing e vendas

Com o modelo de negócio definido e os canais de vendas claros, você pode partir para a projeção de vendas. Além da projeção de vendas, você pode estimar a participação de mercado de sua empresa, caso a mensuração do mercado-alvo da empresa tenha sido bem definida na seção Análise de mercado. Parcerias comerciais e políticas de comercialização podem ser mencionadas nesta seção do plano de negócios.

Um dos erros mais comuns nas projeções de vendas é a confusão entre o que se quer obter de resultados (metas do empreendedor) e o que a estratégia de marketing mostra ser possível de executar. Exemplo: imagine que sua empresa vai trabalhar com venda direta, mas apenas através de um portal de *e-commerce* próprio. Se a empresa for nova e não tiver histórico no mercado, será difícil você mensurar a sua participação de mercado, a não ser que tenha exemplos de empresas similares que já tenham passado pelo mesmo dilema para servir de referência. Mas você pode, por exemplo, estimar quanto de publicidade pode ser revertida em acessos para o seu *site* e, então, estimar um percentual de vendas sobre os acessos. Esse memorial de cálculo é importante de ser mostrado nos anexos do plano de negócios para que o leitor entenda a lógica utilizada na projeção de vendas.

Outro aspecto importante é o horizonte de tempo da projeção de vendas. Você pode fazer uma projeção para, pelo menos, 5 anos. Porém, após concluir a seção de finanças do plano de negócios este número pode mudar. Você entenderá o porquê desta colocação mais adiante, na seção Finanças do plano de negócios. Isso implica em dizer que a projeção de vendas inicial pode não ser a definitiva, e o fato de aparecer antes da seção financeira não significa que foi feita primeiro e a seção financeira depois. Lembre-se: o desenvolvimento do plano de negócios é um trabalho interativo e não sequencial. Finalmente, não se esqueça de apresentar quanto a empresa vai investir em Marketing e vendas, mesmo que esta informação seja depois detalhada nas planilhas financeiras do plano.

Dica: Seja objetivo na apresentação da estratégia de marketing e projeção de vendas e coloque em anexo o memorial de cálculo e a lógica que você utilizou para construir o modelo de negócio da sua empresa.

Atenção: Não confunda projeção de vendas com desenvolvimento de cenários. É muito comum os empreendedores cometerem equívocos como: "se conseguirmos apenas 1% do mercado no primeiro ano estaremos contentes". Isto não é projeção, pois não demonstra como você vai conquistar esta participação de mercado. O importante é mostrar que a estratégia de marketing escolhida e o modelo de negócio levarão a esse resultado, que será construído dia a dia.

Exemplo da seção Marketing e vendas

A estratégia de marketing do Tourbr tem como objetivo permitir o crescimento do negócio com foco em um nicho de mercado, utilizando-se de ações prioritariamente *on-line*.

• Posicionamento

O Tourbr busca oferecer o mais completo conjunto de informações qualificadas em inglês ao turista estrangeiro interessado em visitar o Brasil. O foco principal é o suporte ao planejamento da viagem do turista, mas o aplicativo/*site* também pretende capitalizar sobre o período de estadia do turista no Brasil, desde sua chegada até o momento de seu retorno ao país de origem, com ofertas de serviços locais e venda de suvenires.

• Preço

O Tourbr é totalmente gratuito para o usuário (turista), com exceção dos serviços Premium, como é o caso do *Guia Local*, que tem a cobrança de uma taxa de serviço. O serviço de comércio eletrônico pratica preços competitivos, com produtos ofertados ao valor médio da ordem de U$ 50 a U$ 100. Para o anunciante, o Tourbr segue o padrão utilizado pelas empresas *on-line* para venda de publicidade. Para os assinantes (prestadores de serviços, hotéis, restaurantes etc.) há uma taxa mensal que deve ser paga para ter destaque no Tourbr. Inicialmente esta taxa é de R$ 50.

• Praça

A captação de clientes anunciantes é feita por agências *web* que atuam no setor e cobram percentual por anúncio vendido e via Google. O foco são as empresas nacionais e multinacionais com presença no Brasil. A captação de assinantes é feita por estrutura terceirizada de telemarketing ativo, com foco nas cidades-chave que são atendidas pelo Tourbr. O canal de captação de usuários (turistas) para o *site* é basicamente a internet e o foco é no turista estrangeiro de língua inglesa (principalmente Estados Unidos e Europa).

• Propaganda/Comunicação

Os meios de divulgação do Tourbr são basicamente a publicidade *on-line*, através do Google Adwords (palavras-chave patrocinadas no Google) durante os primeiros anos da atividade. Pretende-se investir ainda em publicidade em *sites* internacionais de turismo.

O orçamento de marketing para o primeiro ano é de R$ 300 mil, sendo prioritariamente para investimento em publicidade *on-line*. Para os demais anos pretende-se manter este patamar de investimento, com um incremento de 50% em momentos de eventos internacionais importantes no país.

De maneira objetiva e em poucas linhas os 4Ps são apresentados. Você não precisa detalhar estas informações, mas note que cada passagem descrita pressupõe que as informações citadas foram consideradas nas projeções financeiras. O plano financeiro deve, necessariamente, ter esses dados como premissa! (perguntas "A", "B", "C" e "D").

Obs.: *Note a utilização do tempo verbal nessa seção do plano de negócios. Está no presente (o Tourbr é, busca etc.) e não no futuro (será, buscará etc.). Isso denota confiança de que o negócio é definitivo e sairá do papel! Porém, busque utilizar o mesmo tempo verbal em todo o PN, o que não ocorreu para este plano de negócios!*

Destacar o orçamento de Marketing e vendas é importante. Atente para que os valores descritos nesta seção estejam corretos na seção financeira.

Exemplo da seção Marketing e vendas

Projeção de vendas

As premissas consideradas para a projeção de vendas foram:

Assinatura mensal de R$ 50 para empresas.*

- Relatórios (pesquisa de mercado com usuários do *site*) no valor de R$ 1.000.
- Valor médio de R$ 500 de receita com o serviço *Guia Local* (considerado a partir do segundo ano).
- Taxa fixa de R$ 50 mensais para os vendedores de produtos no *site* durante o primeiro ano; Taxa variável de 30% sobre as vendas a partir do segundo ano; valor médio de venda de produtos entre U$ 50 e U$ 100.
- Orçamento mensal de Google Adwords de R$ 20 mil, considerando média de R$ 0,33 por palavra-chave por clique de usuário, o que leva a 60 mil visitas ao *site* por mês. Dessas visitas, 20% se cadastram no *site*. E ainda, 10% das visitas e cadastros do *site* são orgânicos, não dependentes de palavras-chave.
- Cinco postos de telemarketing ativo (terceirizados) efetuando 50 ligações diárias para potenciais anunciantes e estabelecimentos-alvo para ter cadastro no *site* (gratuito ou não). Destes, 30% aceitam se cadastrar e 2% aceitam se tornar assinantes; Isso leva a 75 cadastros feitos diariamente e cinco assinaturas/dia.*
- As vendas de publicidade seguem preço de tabela típico do mercado brasileiro (R$ 600 para 1000 visitantes do *site*), mas com desconto de 70% sobre o valor, já que o *site* ainda está na fase *start-up* no primeiro ano. A partir do segundo ano este valor passa a 50% do valor de tabela. O preço por envio de *e-mail* marketing considerado foi de R$ 100 para cada mil *e-mails*.

- Considerando-se todas as premissas apresentadas, obtém-se a projeção de receita (em Reais) para o Tourbr com horizonte de 5 anos. A participação de mercado do Tourbr, considerando apenas os competidores *on-line*, não é significativa por ser um negócio de nicho, mas o objetivo do *site* se mantém: ser a principal fonte em língua inglesa de informação turística sobre o Brasil. Com isso, espera-se que sua participação de mercado seja relevante, levando o Tourbr rapidamente à liderança deste nicho de mercado.

> Além da projeção de vendas, você poderia apresentar a projeção de participação de mercado ao longo dos anos. Neste caso, comparar o Tourbr com os seus principais competidores internacionais não levaria a números expressivos. O ideal seria comparar o Tourbr com competidores de nicho tendo o Brasil como alvo, mas estes dados não são simples de encontrar. (pergunta "E" parcialmente respondida).

> Note que as premissas que levaram às projeções de vendas foram apresentadas em detalhes, mas mesmo assim faltaram informações, tais como: "Como se chegou ao número de produtos que serão vendidos? e Quantos serviços Guia Local serão vendidos?"
>
> O ideal seria ter esses dados validados, o que nem sempre é possível para negócios em fase de criação. Na planilha financeira que deve acompanhar o plano de negócios, todas as premissas devem ser igualmente consideradas nas projeções, pois são a base do memorial de cálculo!

*A referência utilizada para se chegar a esses dados como premissa foi a pesquisa efetuada pelo projeto Wikibar, apresentada na planilha financeira.

Exemplo da seção Marketing e vendas

Projeção de vendas

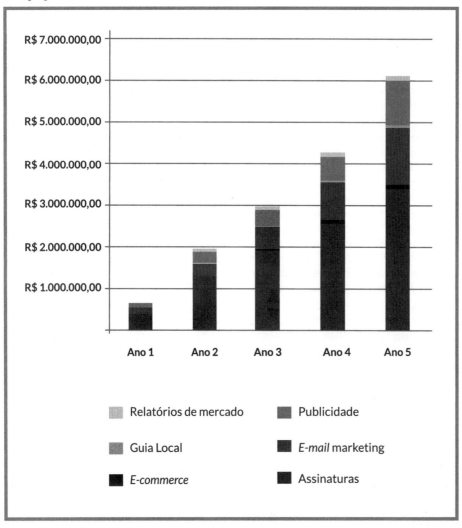

Obs.: Você deve considerar a seção de Marketing e vendas como um complemento da seção Estratégia de crescimento e vice-versa. Note que no caso do Tourbr a seção Marketing e vendas é apresentada antes da seção Estratégia de crescimento. Porém, isso não significa que tenha sido desenvolvida antes. Na verdade, ambas as seções foram desenvolvidas de forma interativa, mesmo porque a seção Estratégia de crescimento define como a empresa buscará crescer e, a partir daí, a estratégia de marketing pode ser mais bem-desenvolvida.

Cap. 3 ■ *Desenvolvendo um plano de negócios eficaz*

Agora, descreva a seção Marketing e vendas do seu negócio.

Marketing e vendas:

Inclua aqui a descrição da seção Marketing e vendas do seu plano de negócios. Procure limitar a descrição a uma página ou no máximo uma página e meia. Lembre-se de incluir a projeção de vendas em forma de gráfico ou tabela.

Anote aqui informações adicionais que você julga importantes e que ainda não decidiu se serão incluídas no corpo ou nos anexos do plano (essa anotação será útil para ajudá-lo a revisar o plano de negócios após ser concluído).

Suas anotações:

Marketing e vendas:

Note que, apesar de objetiva, esta é uma das seções mais críticas do plano de negócios e por isso deve ser escrita com muita atenção. Não se esqueça de propor um posicionamento único para sua empresa, pois negócios de sucesso se destacam justamente por terem crescido a partir de um diferencial que a concorrência não conseguiu igualar ou superar.

Lembre-se que a seção Marketing e vendas está intimamente ligada à seção Estratégia de crescimento.

Anote aqui informações adicionais que você julga importantes e que ainda não decidiu se serão incluídas no corpo ou nos anexos do plano (essa anotação será útil para ajudá-lo a revisar o plano de negócios após ser concluído).

Suas anotações:

Cap. 3 ■ Desenvolvendo um plano de negócios eficaz

A seção Estratégia de crescimento (ou de desenvolvimento, ou simplesmente "estratégia") está intimamente ligada à seção Marketing e vendas, pois uma depende da outra. Porém, para facilitar o entendimento, optou-se por considerar a Estratégia de crescimento da empresa como uma seção no plano de negócios. A seção Marketing e vendas não pode ser desenvolvida sem as conclusões da seção Estratégia de crescimento e vice-versa. Mas a decisão de como ambas serão dispostas no plano de negócios é do empreendedor. Você também pode incluir esta seção no início do plano de negócios, logo após a apresentação do conceito de negócio. O importante é que o conceito de estratégia (que significa os meios para se atingir os objetivos, de preferência criando diferenciais competitivos para a empresa) esteja claro para o empreendedor.

7. Estratégia de crescimento	+ informação
Ao descrever a Estratégia de crescimento no plano de negócios, você estará mostrando como sua empresa atingirá seus objetivos para se desenvolver continuamente com vistas a superar os desafios que virão. Você pode iniciar esta seção do plano de negócios com a definição da visão de negócio da sua empresa (O que sua empresa será no futuro?) e a sua missão (Qual é a razão de ser do seu negócio?), mas não há a necessidade de se criar frases de efeito, que nem sempre têm um significado prático. O mais importante é ter clareza de propósito e deixar isso descrito de maneira simples e direta no plano de negócios.	■ *Em www.josedornelas.com.br você encontra dicas importantes sobre como elaborar uma matriz SWOT e, ainda, entender as diferenças entre objetivos e metas para uma empresa.*
Para definir a estratégia, a empresa deve estar preparada para monitorar mudanças macroambientais (demográficas, econômicas, tecnológicas, políticas, legais, sociais e culturais) e microambientais (perfil e hábito dos consumidores, concorrentes, canais de distribuição, fornecedores etc.). A maneira mais adequada de se fazer esta análise é através de uma matriz SWOT (*Strengths, Weaknesses, Opportunities e Threats* – pontos fortes, pontos fracos, oportunidades e ameaças). Após a construção da matriz SWOT você pode definir os objetivos e metas da empresa e, então, sua Estratégia de crescimento.	■ *No livro Empreendedorismo: transformando ideias em negócios, você encontra referencial teórico completo sobre esta seção do plano de negócios.*
Obs.: *Objetivos são resultados abrangentes com os quais a empresa assume um compromisso definitivo. Metas são declarações específicas que se relacionam diretamente a um determinado objetivo. Diferenças: objetivo relaciona-se com palavras (esboçando o quadro-geral) e meta com números (complementando-o com os detalhes específicos).*	

7. Estratégia de crescimento

Em síntese, busque responder às seguintes questões na seção Estratégia de crescimento:

A. O que faz sua empresa? Qual a razão de ser do seu negócio? O que será sua empresa no futuro?
B. Quais as forças do seu negócio?
C. Quais as fraquezas do seu negócio?
D. Quais as principais oportunidades existentes para sua empresa?
E. Quais os principais riscos para sua empresa? Como você pretende enfrentá-los caso venham a ocorrer?
F. Quais os objetivos e metas do seu negócio?
G. Quais as estratégias que sua empresa vai utilizar para cumprir seus objetivos de negócio?

Além de descrever a Estratégia de crescimento do negócio, caso julgue relevante, você pode ainda apresentar um cronograma com as principais atividades que serão desenvolvidas nos próximos meses/anos a partir da implantação do plano de negócios.

Algumas dicas ao elaborar um cronograma:

- Defina prazos claros e tenha referências ou métricas específicas para cumprir as atividades (ex.: participação de mercado, número de clientes, receita, rentabilidade, margem financeira, posição no mercado, número de produtos vendidos etc.).
- Identifique as tarefas principais/críticas que devem ser enfatizadas no cronograma.
- Defina metas SMART (específicas, mensuráveis, atingíveis, relevantes e com prazo para ocorrer/tempo).
- Não se esqueça de estabelecer um período/época de revisão de performance (após a implantação do plano de negócios).
- Tenha planos de contingência, caso o seu plano de negócios não saia do papel ou as metas não sejam atingidas como o planejado.
- Defina os requisitos de recursos financeiros e seus estágios (quando precisará) para cada momento de crescimento da empresa (você deve deixar isso claro no plano financeiro).

Dica: Antes de concluir esta seção, analise a seção Marketing e vendas e certifique-se de que ambas estão em consonância! Não se preocupe em criar uma matriz SWOT detalhada para constar no plano de negócios: o mais importante é selecionar os principais aspectos críticos que trarão mais impacto à empresa. Caso queira, você pode anexar uma matriz SWOT detalhada do seu negócio ao final do PN.

Atenção: A Estratégia de crescimento pode mudar ao longo dos anos. Se este for o caso para sua empresa, deixe isso claro no seu PN. É muito comum as empresas terem uma estratégia inicial mais agressiva (desde que ancoradas pelo devido comprometimento de recursos/investimentos) em busca de vendas, mesmo tendo baixa ou nenhuma lucratividade no curto prazo, e depois buscarem resultados financeiros mais atrativos. Mas as estratégias são escolhas que cada empreendedor imprime ao seu negócio. O importante é saber analisar as várias possibilidades existentes. Lembre-se: não há regras rígidas na definição de uma estratégia e cada uma tem seus riscos e recompensas atrelados!

Cap. 3 ■ Desenvolvendo um plano de negócios eficaz

Exemplo da seção Estratégia de crescimento

> *Note que em um único parágrafo fica clara a missão e a visão do negócio. Porém, você poderia deixar de apresentar este parágrafo sem causar problemas de entendimento, pois o tema (missão e visão) já foi apresentado na seção Conceito do negócio. No caso do Tourbr, optou-se por manter este parágrafo aqui para dar coesão ao texto de Estratégia de crescimento (pergunta "A").*

O Tourbr é focado no fornecimento de informações completas ao turista estrangeiro interessado em visitar o Brasil e tem em seu modelo de negócio o diferencial de ser gratuito para o usuário final, gerando receita através de publicidade e de assinaturas de estabelecimentos comerciais/turísticos. O negócio pretende ser a grande referência em informação turística em língua inglesa sobre o Brasil, com possibilidade de expansão e atuação em outros idiomas no futuro.

O ambiente do negócio (oportunidades e ameaças) e as características singulares do Tourbr (forças e fraquezas) podem ser entendidas através de uma análise SWOT:

Forças	Fraquezas
■ Informações completas sobre os principais destinos turísticos do país. ■ Focado no Brasil (especialidade da empresa). ■ Modelo de receita ancorado em três fontes de receita, reduzindo o risco: publicidade, assinatura e comércio eletrônico.	■ Marca (ainda) desconhecida. ■ Negócio em fase inicial e sem histórico no mercado. ■ Equipe precisa provar que entende do setor e que sabe escalar uma empresa inovadora. ■ Poucos recursos financeiros e necessidade de busca de aporte financeiro no mercado.
Oportunidades	**Ameaças**
■ Setor de turismo deverá crescer no mundo e no Brasil de maneira expressiva a partir de 2022, com o arrefecimento da pandemia. ■ Não há concorrência focada no mercado brasileiro (em língua inglesa).	■ Negócio de turismo *on-line* é dominado por grandes empresas, que podem rapidamente estruturar uma operação com foco no Brasil. ■ Empresas locais, que já atuam no Brasil no mercado não *on-line* e em língua portuguesa podem migrar para o modelo *on-line* em inglês. ■ Nova crise econômica pode abalar o setor de turismo, diminuindo o fluxo de estrangeiros para o Brasil.

> *A análise SWOT permite responder às perguntas "B", "C", "D" e "E" de maneira objetiva.*

> *Você não precisa detalhar os números de mercado aqui novamente, pois já foram bem-descritos na seção Análise de mercado.*

> *A pergunta "E" pode ter resposta complementar, caso você queira mostrar que conhece de fato os riscos do negócio e tem estratégias claras para combatê-los. Lembre-se, porém, que os riscos não podem ser eliminados, já que são parte do cenário externo à empresa!*

Exemplo da seção Estratégia de crescimento

O Tourbr pretende atingir os seguintes resultados, que serão buscados incessantemente por toda a sua equipe:

1) 200 mil usuários cadastrados ao final do primeiro ano.
2) 500 mil usuários cadastrados ao final do terceiro ano.
3) 3 milhões de usuários cadastrados ao final do quinto ano.

> Você não precisa citar inúmeros objetivos e metas. Bastam apenas os que você considera os mais importantes e que servirão de referência para o crescimento da empresa (pergunta "F").

Com isso, a empresa será reconhecida como referência no setor de turismo *on-line* com foco no Brasil e poderá buscar novos desafios e mercados para atuar.

Tendo como referência a análise SWOT apresentada, e os objetivos definidos, a Estratégia de crescimento do Tourbr foca em algumas ações-chave, a saber:

1. Investimento considerável de recursos financeiros em publicidade *on-line* (principalmente Google Adwords) para divulgação da marca e do *site*, bem como para fazer crescer rapidamente o número de usuários cadastrados. Com isso, busca-se ganhar escala e criar barreira de entrada para novos competidores (tanto de nicho, como eventuais grandes competidores que considerem atuar no setor).

2. Desenvolvimento de serviço de excelência, através de estrutura operacional enxuta, mas focada em selecionar os principais destinos turísticos no país, criando conteúdo inédito e completo sobre os assuntos de interesse (hotéis, restaurantes, pontos turísticos etc.). No primeiro ano serão focados os 10 maiores destinos turísticos do país. A partir do segundo ano os demais destinos serão trabalhados de maneira que em 2 anos todos os 65 turísticos de maior visitação do país estejam completamente mapeados.

> A Estratégia de crescimento do Tourbr está coerente com o que foi apresentado na seção Marketing e vendas. Essa consonância é importante, pois são seções coligadas (pergunta "G").

3. Busca de aporte de capital em estágios de investimento. A empresa deverá focar todos os esforços na operacionalização do negócio para que seu crescimento ocorra de maneira eficaz e veloz, sem preocupação com lucratividade nos primeiros 2 anos. A premissa é que o negócio consiga aporte de capital com investidores que compartilhem da visão do negócio. A lucratividade e os resultados serão o foco das atenções após a fase inicial de 2 a 3 anos, quando poderão ocorrer novas rodadas de investimento (mas que não foram contempladas neste plano de negócios).

4. Treinamento e desenvolvimento da equipe. A empresa buscará funcionários qualificados, com experiência no setor de turismo e que estejam comprometidos com a criação de um negócio inovador e de grande potencial de crescimento. Recursos serão destinados para o desenvolvimento e retenção dos melhores talentos, tais como participação nos resultados/bônus e possibilidade de exercer o direito de compra de ações da empresa (*stock option*), após a empresa atingir o fluxo de caixa positivo e participar de novas rodadas de investimento futuras.

> O item 4 da Estratégia de crescimento mostra coerência com o que foi mencionado nas seções Equipe de gestão e Estrutura e operações.

Naturalmente, há riscos e desafios, claramente identificados na análise SWOT, para se atingir os objetivos de negócio do Tourbr. Mas o comprometimento de toda a sua equipe sugere a correta execução da estratégia de negócio definida para o crescimento da empresa.

> **Obs.:** Note que, no caso do Tourbr, não foi apresentado um cronograma com as principais atividades. Esse item é opcional, mas sua ausência não pode prejudicar o entendimento da Estratégia de crescimento do negócio!

Cap. 3 ■ Desenvolvendo um plano de negócios eficaz

Agora, descreva a seção Estratégia de crescimento do seu negócio.

Estratégia de crescimento:

Inclua aqui a descrição da seção Estratégia de crescimento do seu plano de negócios. Procure limitar a descrição a uma página. Lembre-se de garantir coesão ao texto e consonância com as demais seções do plano de negócios, principalmente a de Marketing e vendas.

Anote aqui informações adicionais que você julga importantes e que ainda não decidiu se serão incluídas no corpo ou nos anexos do plano (essa anotação será útil para ajudá-lo a revisar o plano de negócios após ser concluído).

Suas anotações:

Estratégia de crescimento:

Revise o conteúdo desta seção e evite repetir informações que possam ter sido incluídas anteriormente nas seções Conceito do negócio, Estrutura e operações e Marketing e vendas. A seção Estratégia de crescimento tem a função de dar um fechamento ao texto do plano de negócios antes da conclusão final, obtida pela seção Finanças (ou plano financeiro). Evite redundâncias, já que o PN deve ser objetivo!

Anote aqui informações adicionais que você julga importantes e que ainda não decidiu se serão incluídas no corpo ou nos anexos do plano (essa anotação será útil para ajudá-lo a revisar o plano de negócios após ser concluído).

Suas anotações:

A seção Finanças conclui em números tudo o que foi desenvolvido ao longo do plano de negócios. Envolve desde os investimentos necessários para colocar o negócio em operação até a projeção dos fluxos de caixa futuros que serão obtidos pela empresa, bem como análises de viabilidade financeira do negócio e métricas que mostrarão se a empresa tem o potencial de sucesso financeiro ou não. Além disso, para aqueles interessados em angariar recursos com fundos de investimentos, bancos, investidores-anjos, entre outros, é na seção Finanças que estas informações são delineadas, assim como as estratégias de negociação e definição de contrapartidas para os eventuais investidores*.

8. Finanças	+ informação
Algumas considerações importantes para você refletir sobre a seção Finanças de um plano de negócios: - Deve refletir em números toda a estratégia do negócio. - Deve mostrar os investimentos necessários e as possibilidades de retornos (e as estratégias de saída para o investidor, caso o plano considere a busca de recursos externos como um objetivo). - Deve incluir uma previsão de receitas com horizonte de médio prazo (em média 5 anos). - Deve mostrar o prazo para o retorno do investimento com base no fluxo de caixa do negócio (ou área/setor, para o caso de empresas já estabelecidas). - Deve utilizar métricas e índices de retorno sobre o investimento para mostrar a viabilidade financeira do negócio. Uma maneira simples e eficaz de se apresentar a seção Finanças de um plano de negócios envolve o seguinte conjunto de informações:	- *No livro Empreendedorismo: transformando ideias em negócios, você encontra referencial teórico completo sobre esta seção do plano de negócios.*

Alguns empreendedores preferem considerar uma seção extra, além da seção financeira, apenas para discutir estratégias de investimento e contrapartidas para os investidores interessados na empresa. É uma variação possível para se elaborar um plano de negócios, mas aqui se optou por manter estas informações dentro da seção Finanças do plano de negócios.

8. Finanças

A. **Investimentos (usos e fontes):** Quanto de recursos financeiros sua empresa precisa para iniciar a operação? Além do momento inicial, haverá necessidade de recursos em quais outros momentos? De onde virão esses recursos? Como os recursos serão utilizados?

B. **Composição de Custos e Despesas:** Apresente em formato de planilha os principais custos e despesas que decorrem da operacionalização do negócio. Em síntese, quais os principais custos/despesas da empresa?

C. **Principais Premissas (base para as projeções financeiras):** Quais as premissas, ou as referências utilizadas para se chegar às projeções apresentadas? É importante explicar como uma planilha financeira é feita para que o leitor entenda a lógica utilizada no memorial de cálculo.

D. **Evolução dos Resultados Financeiros e Econômicos** (horizonte de 5 anos, mês a mês no primeiro ano e trimestral ou semestral nos demais).
- Demonstrativo de Resultados: Quais os resultados que serão obtidos com o negócio nos próximos anos?
- Fluxo de Caixa: Qual o fluxo de caixa da empresa para os próximos anos?
- Balanço patrimonial (opcional): Qual o balanço projetado para a empresa nos próximos anos?

E. **Indicadores Financeiros de Rentabilidade e Viabilidade:**
- Taxa Interna de Retorno: Qual o retorno financeiro proporcionado pelo negócio?
- Valor Presente Líquido: Qual é o valor da empresa hoje, considerando as projeções futuras de seu fluxo de caixa?
- *Breakeven* e *Payback*: Quando ocorrerá o ponto de equilíbrio financeiro (ou seja, quando não há lucro nem prejuízo)? Quando ocorrerá o retorno do investimento inicial?

F. **Necessidade de Aporte e Contrapartida:** Quanto de recursos será obtido/buscado junto a fontes externas de investimento/financiamento? Quais as contrapartidas oferecidas aos investidores/bancos?

G. **Cenários Alternativos:** Há cenários que demonstrem possibilidades de resultados mais otimistas? Há cenários limítrofes que não são o ideal e mesmo assim permitem a empresa evoluir? Note que estabelecer cenários é mais do que apenas denominá-los de otimista e pessimista. Você precisa apresentar as premissas que levarão a cenários mais ou menos convidativos.

+ informação

- Em www.josedornelas.com.br você pode obter a planilha financeira que foi utilizada para o desenvolvimento do plano de negócios do Tourbr.

- No livro *Plano de negócios – exemplos práticos*, você encontra três exemplos completos da seção financeira de um plano de negócios para empresas de diferentes setores.

8. Finanças

Ao fazer a análise de rentabilidade e viabilidade do negócio, você pode utilizar inúmeras técnicas, mas as mais usuais e recomendadas são as seguintes:

- Técnicas com foco no lucro: Não consideram que o valor do dinheiro muda com o tempo (isto é, não levam em consideração questões como juros e correção monetária):

    - Retorno contábil sobre o Investimento.
    - *Payback* (prazo de retorno do investimento).

- Técnicas de Fluxo de Caixa Descontado: Consideram os fluxos de caixa futuros que serão obtidos pela empresa e, por isso, são as mais utilizadas para avaliar a viabilidade de um negócio, mas há exceções que inviabilizam a utilização do VPL em alguns casos (veja detalhes no livro *Criação de novos negócios*):

    - TIR (taxa interna de retorno).
    - VPL (valor presente líquido).

Um gráfico que poderá ajudar na compreensão da seção Finanças do seu plano de negócios é o de exposição do caixa, ou seja, o que demonstra a evolução do caixa da empresa desde sua concepção até o crescimento nos meses (ou anos) iniciais. Através deste gráfico, você poderá obter visualmente alguns dos índices comentados anteriormente, sem necessidade de utilização de fórmulas matemáticas, como apresentado a seguir.

Note que agora poderá ficar mais claro porque um plano de negócios deve ser feito em média com o horizonte de tempo de 5 anos. Isso ocorre porque a maioria das empresas apresenta seu gráfico de exposição de caixa com o ponto D entre 3 e 5 anos. Há casos em que o ponto D ocorre além dos 5 anos. Se este for o caso de sua empresa, então você deve fazer o seu plano de negócios com horizonte de tempo maior, até que o ponto D fique nitidamente apresentado no gráfico. Há estudos que mostram ainda que o ponto B no gráfico pode chegar em média a 1,7 vez, ou mais (por exemplo, para empresas pontocom, como é o caso do Tourbr), do valor do ponto A e que a máxima exposição do caixa da empresa ocorre em média em 2 anos (ponto C). São dados médios e que não serão exatamente iguais para o seu negócio, mas servem de referência para você analisar se o seu plano de negócios está próximo ou muito distante da média. Naturalmente, há setores de negócios que fogem bastante da média aqui apresentada, mas você precisará fazer a sua "lição de casa" para saber qual é a média do seu setor!

+ informação

- *No livro* Criação de novos negócios, *você pode conhecer as estratégias utilizadas pelos empreendedores de sucesso para conseguir recursos financeiros junto a investidores. E ainda, conhecerá as várias técnicas de valoração de um negócio, que permitem definir quanto vale a sua empresa. Entre outros, entenderá os conceitos de pre-money e post-money valuation, que significam o valor da empresa antes e após um aporte de capital:* post-money = pre-money + aporte.

8. Finanças

Gráfico de exposição do caixa

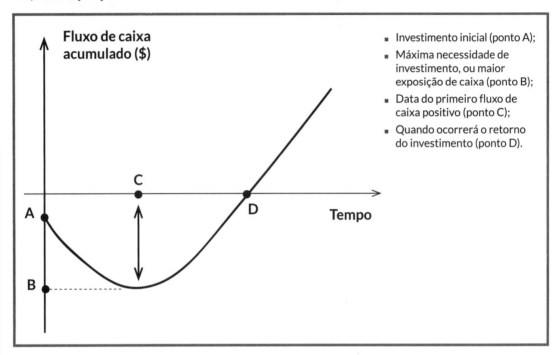

- Investimento inicial (ponto A);
- Máxima necessidade de investimento, ou maior exposição de caixa (ponto B);
- Data do primeiro fluxo de caixa positivo (ponto C);
- Quando ocorrerá o retorno do investimento (ponto D).

Obs.: As fórmulas para os cálculos dos índices financeiros apresentados nesta seção, bem como as instruções para a obtenção do gráfico de exposição do caixa, encontram-se na planilha financeira do plano de negócios do Tourbr (disponível em www.josedornelas.com.br), a qual poderá ser utilizada livremente para a construção do seu plano de negócios.

 Dica: A maneira mais eficaz para se desenvolver a seção Finanças do plano de negócios é através de uma planilha (Excel ou similar). Você deve criar pastas para cada informação e seção importante do plano de negócios, e então, criar os *links* que permitem a integração das informações. Com isso, os resultados financeiros são obtidos quase que automaticamente. Veja o exemplo da planilha financeira do Tourbr (disponível em www.josedornelas.com.br) para usar como referência.

 Atenção: Um erro muito comum que empreendedores cometem ao fazer a seção Finanças do plano de negócios é o de apenas inserir diversas planilhas com inúmeras informações sem nenhuma explicação acerca do que se tratam. Lembre-se que o leitor do plano de negócios espera que o PN seja um documento objetivo e de fácil entendimento. Por isso, por mais incrível que pareça, o maior desafio da seção Finanças de um PN não se encontra na disponibilização dos números, mas em como você os apresenta e como escreve o texto que explica do que se tratam. A explicação detalhada pode, opcionalmente, ser feita na planilha do PN.

Exemplo da seção Finanças

A seção Finanças inicia-se com uma breve apresentação das premissas que darão base a todas as projeções financeiras.

- Todas as premissas utilizadas nas projeções financeiras do Tourbr encontram-se detalhadas na planilha que acompanha este PN (nela, cada célula com marcação em vermelho contém explicações adicionais), bem como nos anexos. A seguir, apresenta-se uma síntese dessas premissas.

ENCARGOS E IMPOSTOS	
Reajuste de salários (Selic, base 2016)	10,00%
ISS	5%
PIS/COFINS	3,65%
Impostos sobre faturamento	8,65%
IR	25,00%
CSLL	9,00%

Na planilha financeira que acompanha o PN, você pode detalhar mensalmente algumas informações, mas no PN escrito basta explicar as premissas de maneira objetiva (pergunta "C").

PREMISSAS COMERCIAIS	Ano 1	Ano 2	Ano 3	Ano 4	Ano 5
Assinatura mensal	$ 50,00	$ 50,00	$ 50,00	$ 50,00	$ 50,00
Preço do pacote Guia Local		$ 500,00	$ 500,00	$ 500,00	$ 500,00
Taxa cobrada dos parceiros de *e-commerce*	$ 50,00	30%	30%	30%	30%
Ticket médio obtido com *e-commerce*	$ 80,00	$ 80,00	$ 80,00	$ 80,00	$ 80,00
Número de paceiros de *e-commerce*	10	40	80	130	200
Número de produtos vendidos ao mês	5	80	160	260	400
Receita média com comissão sobre produtos vendidos ao mês	$ 500,00	$ 1.920,00	$ 3.840,00	$ 6.240,00	$ 9.600,00
Receita média com comissão sobre o pacote Guia Local/mês	0	$ 2.200,00	$ 3.135,00	$ 4.023,00	$ 4.867,00

Exemplo da seção Finanças

PREMISSAS DE NÚMERO DE USUÁRIOS	Ano 1	Ano 2	Ano 3	Ano 4	Ano 5
Orçamento anual de Google Adwords	$ 240.000,00	$ 240.000,00	$ 240.000,00	$ 240.000,00	$ 240.000,00
Orçamento de Google Adwords/mês	$ 20.000,00	$ 20.000,00	$ 20.000,00	$ 20.000,00	$ 20.000,00
Taxa média paga por palavra-chave (Adwords)	$ 0,33	$ 0,33	$ 0,33	$ 0,33	$ 0,33
Número de visitas ao site/mês (via Adwords)	60.606	60.606	60.606	60.606	60.606
Número de visitas ao site/mês (orgânico)	6.061	20.000	48.364	108.970	254.364
Número de cadastros no site/mês (via Adwords e Orgânico)	13.333	16.121	21.794	33.915	47.245
Número acumulado de cadastros de usuários	160.000	353.455	614.982	1.021.964	1.588.909
Postos de telemarketing ativos	5	5	5	5	5
Número de ligações telefônicas diárias por posto de telemarketing	50	50	50	50	50
Total de ligações telemkt/dia	250	250	250	250	250
Taxa de conversão de cadastros no site	30%	30%	30%	30%	30%
Número de novos cadastros comerciais/dia	75	75	75	75	75
Taxa de conversão de pagantes	2%	2%	2%	2%	2%
Número de assinantes efetivos/dia (novos)	5	5	5	5	5
Número de assinantes efetivos/mês (novos)	110	110	110	110	110
Número de assinantes acumulados/ano	1320	2640	3762	4828	5841

o *Detalhamento das premissas que levarão às projeções financeiras (pergunta "C").*

Cap. 3 ■ Desenvolvendo um plano de negócios eficaz

Exemplo da seção Finanças

> Detalhamento das premissas que levarão às projeções financeiras (pergunta "C").

> Investimento anual em marketing (basicamente gastos com comunicação), que alimentarão a planilha de custos.

ORÇAMENTO COM COMUNICAÇÃO	Ano 1	Ano 2	Ano 3	Ano 4	Ano 5
Orçamento de marketing (Adwords)	240.000	240.000	240.000	240.000	240.000
Orçamento de marketing (publicidade *sites* internacionais)	60.000	60.000	60.000	210.000	60.000
ORÇAMENTO TOTAL DE MKT AO ANO	$ 300.000	$ 300.000	$ 300.000	$ 450.000	$ 300.000

PREMISSAS DE RECEITA COM PUBLICIDADE	Ano 1	Ano 2	Ano 3	Ano 4	Ano 5
Número de acessos únicos ao *site*/mês	66.667	80.606	108.970	169.576	314.970
Valor médio de receita de publicidade/acesso	$ 0,18	$ 0,3	$ 0,3	$ 0,3	$ 0,3
Base de assinantes (estabelecimentos cadastrados pagantes)	1320	2640	3762	4828	5841
Valor médio de assinatura/acesso a relatório de mercado	$ 1.000,00	$ 1.000,00	$ 1.000,00	$ 1.000,00	$ 1.000,00
Número de acessos a relatórios vendidos/ano	26	53	75	97	117
Número de *e-mail* marketing vendido/mês/cadastro	8	8	8	8	8
Valor médio de receita/*e-mail* marketing	$ 0,1	$ 0,1	$ 0,1	$ 0,1	$ 0,1
Valor médio de receita com *e-mail* marketing/usuário/mês	$ 0,8	$ 0,8	$ 0,8	$ 0,8	$ 0,8
Receita média de publicidade/mês	$ 12.000,00	$ 24.181,82	$ 32.690,91	$ 50.872,73	$ 94.490,91
Receita média com relatórios/mês	$ 2.200,00	$ 4.400,00	$ 6.270,00	$ 8.046,50	$ 9.734,18
Receita média com *e-mail* marketing/mês	$ 10.666,67	$ 23.563,64	$ 40.998,79	$ 68.130,91	$ 105.927,27

Exemplo da seção Finanças

Considerando-se as premissas apresentadas, foram definidos os investimentos, custos e despesas para o Tourbr. Os valores correspondentes são apresentados a seguir.

Note que há investimentos na infraestrutura em todos os anos, já prevendo a atualização dos ativos.

INVESTIMENTOS EM INFRAESTRUTURA	Ano 1	Ano 2	Ano 3	Ano 4	Ano 5
Computadores, móveis, etc.	80.000,00	20.000,00	40.000,00	20.000,00	20.000,00
Outros	4.000,00	4.000,00	3.000,00	2.000,00	1.000,00
TOTAL	$ 84.000,00	$ 24.000,00	$ 43.000,00	$ 22.000,00	$ 21.000,00

Algumas despesas operacionais seguem tendência de crescimento anual, o que é coerente com o aumento do número de funcionários ao longo dos anos. Alguns itens mantiveram-se com valores fixos, pois não foi considerada a correção monetária e inflação neste PN (pergunta "B").

DESPESAS OPERACIONAIS	Ano 1	Ano 2	Ano 3	Ano 4	Ano 5
Telefonia, energia elétrica e demais intens de telecomunicações	12.000,00	12.000,00	12.000,00	12.000,00	12.000,00
Internet	6.000,00	6.000,00	7.200,00	7.200,00	9.600,00
Assessoria jurídica	6.000,00	6.000,00	6.000,00	6.000,00	6.000,00
Demais despesas de comunicação (folder, cartões, publicações)	6.000,00	6.000,00	6.000,00	6.000,00	6.000,00
Software de escritório	12.000,00	6.000,00	6.000,00	6.000,00	6.000,00
Aluguel/Condomínio	60.000,00	72.000,00	96.000,00	96.000,00	120.000,00
Contador	6.480,00	6.480,00	6.480,00	6.480,00	6.480,00
Correios, jornais, revistas etc.	3.600,00	3.600,00	4.800,00	4.800,00	6.000,00
Material de Escritório	3.600,00	3.600,00	4.800,00	4.800,00	6.000,00
Limpeza e matunenção do escritório	2.400,00	2.400,00	2.400,00	2.400,00	2.400,00
Viagens e treinamentos	12.000,00	12.000,00	14.400,00	18.000,00	21.600,00
Outros	6.000,00	6.000,00	6.000,00	6.000,00	6.000,00
TOTAL	$ 136.080,00	$ 142.080,00	$ 172.080,00	$ 175.680,00	$ 208.080,00

Exemplo da seção Finanças

Os custos de desenvolvimento e gestão do aplicativo/site não foram considerados apenas no primeiro ano, pois o aplicativo/site precisa ser atualizado constantemente. Parte desses valores poderia ser considerada investimento em pesquisa e desenvolvimento e, assim, estaria apta a ser utilizada para conseguir benefícios provenientes da lei de inovação (pergunta "B").

Obs.: O quadro de funcionários poderia ainda ser dividido em dois grupos: os que desenvolvem atividades de suporte (administrativos, por exemplo) e os que desenvolvem atividades-fim (marketing do site, atendimento a usuários, captação de assinantes etc.). Os gastos referentes aos primeiros são considerados despesas e aos segundos são custos (pergunta "B").

CUSTOS DE DESENVOLVIMENTO E GESTÃO DO SITE	Ano 1	Ano 2	Ano 3	Ano 4	Ano 5
Agência web (desenvolvimento e manutenção do aplicativo/site)	192.000,00	24.000,00	24.000,00	24.000,00	24.000,00
Publicidade e promoções	300.000,00	300.000,00	300.000,00	450.000,00	300.000,00
Telemarketing ativo (terceirizado)	72.000,00	72.000,00	72.000,00	72.000,00	72.000,00
Hospedagem do aplicativo/site	6.000,00	12.000,00	24.000,00	36.000,00	36.000,00
Outros serviços de terceiros	12.000,00	12.000,00	12.000,00	12.000,00	12.000,00
TOTAL	$ 582.000,00	$ 420.000,00	$ 432.000,00	$ 594.000,00	$ 444.000,00

QUANTIDADE DE FUNCIONÁRIOS	Ano 1	Ano 2	Ano 3	Ano 4	Ano 5
CONSELHO					
Conselheiros	4	4	4	4	4
ADMINISTRATIVO/ FINANCEIRO					
Presidência (pró-labore)	1	1	1	1	1
Diretor Administrativo-Financeiro	1	1	1	1	1
Assistente Administrativo-Financeiro	1	1	1	1	1
Estagiário	–	–	1	1	1
TECNOLOGIA					
Diretor de tecnologia	1	1	1	1	1
Engenheiro de software	2	2	2	2	2
Analista	2	2	2	3	4
Estagiário	–	–	1	1	1
MARKETING COMERCIAL					
Diretor de Marketing (pró-labore)	1	1	1	1	1
Coordenador de parcerias	1	1	1	2	4
Estagiário	–	–	–	1	1
TOTAL DE FUNCIONÁRIOS	10	10	12	15	18
TOTAL DE FUNCIONÁRIOS + CONSELHEIROS	14	14	16	19	22

Exemplo da seção Finanças

A folha de pagamento consolidada por ano e por tipo de função/funcionário, já considerando os encargos e benefícios, é sintetizada pelas tabelas a seguir.

O quadro de pessoal é apresentado de maneira objetiva com o crescimento anual. Isso facilita entender como a empresa cresce e entender sua política salarial. Note que no caso da planilha de salários, foram incluídos ainda os gastos com benefícios e encargos (aproximadamente 100% do valor do salário nominal para funcionários, com exceção de estagiários e sócios).

GASTOS TOTAIS COM SALÁRIOS/ BENEFÍCIOS	Ano1	Ano2	Ano3	Ano4	Ano5
CONSELHO					
Conselheiros	96.000	48.000	48.000	48.000	48.000
ADMINISTRATIVO/ FINANCEIRO	-	-	-	-	-
Presidência (pró-labore)	7.200	7.200	120.000	132.000	145.200
Diretor Administrativo-Financeiro	240.000	264.000	290.400	319.440	351.384
Assistente Administrativo-Financeiro	36.000	39.600	43.560	47.916	52.708
Estagiário	-	-	21.780	23.958	26.354
TECNOLOGIA	-	-	-	-	-
Diretor de Tecnologia	240.000	264.000	290.400	319.440	351.384
Engenheiro de *software*	168.000	184.800	203.280	223.608	245.969
Analista	72.000	79.200	87.120	143.748	210.830
Estagiário	-	-	21.780	23.958	26.354
MARKETING/ COMERCIAL	-	-	-	-	-
Diretor de Marketing (pró-labore)	7.200	7.200	120.000	132.000	145.200
Coordenador de parcerias	84.000	92.400	101.640	223.608	491.938
Estagiário	-	-	-	23.958	26.354
GASTOS TOTAIS COM FUNCIONÁRIOS	$ 950.400,00	$ 986.400,00	$ 1.347.960,00	$ 1.661.634,00	$ 2.121.673,80

Exemplo da seção Finanças

Considerando-se as premissas apresentadas, obtém-se ainda a projeção de receita com horizonte de 5 anos e por tipo de serviço.

RESULTADOS ANUAIS	Ano 1	Ano 2	Ano 3	Ano 4	Ano 5
Assinaturas	429.000,00	1.221.000,00	1.912.350,00	2.664.750,00	3.417.150,00
E-commerce	6.000,00	23.040,00	46.080,00	74.880,00	115.200,00
E-mail marketing	128.000,00	282.763,64	491.985,45	817.570,91	1.271.127,27
Guia Local	–	26.400,00	37.620,00	48.279,00	58.405,05
Publicidade	144.000,00	290.181,82	392.290,91	610.472,73	1.133.890,91
Relatórios de mercado	26.400,00	52.800,00	75.240,00	96.558,00	116.810,00
RECEITA TOTAL	$ 733.400,00	$ 1.896.185,45	$ 2.955.566,36	$ 4.312.510,64	$ 6.112.583,33

> A projeção de vendas anuais é apresentada novamente na seção Finanças. Isso facilita o entendimento, mesmo já tendo sido apresentada em forma de gráfico na seção Marketing e vendas.

Os resultados líquidos consolidados são apresentados pela tabela a seguir e os dados detalhados mensalmente são apresentados na planilha que acompanha o PN.

Exemplo da seção Finanças

RESULTADOS ANUAIS	Ano 1	Ano 2	Ano 3	Ano 4	Ano 5
Assinaturas	429.000,00	1.221.000,00	1.912.350,00	2.664.750,00	3.417.150,00
E-commerce	6.000,00	23.040,00	46.080,00	74.880,00	115.200,00
E-mail marketing	128.000,00	282.763,64	491.985,45	817.570,91	1.271.127,27
Guia Local	-	26.400,00	37.620,00	48.279,00	58.405,05
Publicidade	144.000,00	290.181,82	392.290,91	610.472,73	1.133.890,91
Relatórios de mercado	26.400,00	52.800,00	75.240,00	96.558,00	116.810,10
Receita total bruta	733.400,00	1.896.185,45	2.955.566,36	4.312.510,64	6.112.583,33
Impostos sobre a receita bruta	63.439,10	164.020,04	255.656,49	373.032,17	528.738,46
Receita líquida	669.960,90	1.732.165,41	2.699.909,87	3.939.478,47	5.583.844,87
Custos	582.000,00	420.000,00	432.000,00	594.000,00	444.000,00
Investimentos na infraestrutura	84.000,00	21.000,00	42.000,00	21.000,00	21.000,00
Despesas	136.080,00	142.080,00	172.080,00	175.680,00	208.080,00
Funcionários	950.400,00	986.400,00	1.347.960,00	1.661.634,00	2.121.673,80
Lucro bruto	(1.082.519,10)	162.685,41	705.869,87	1.487.164,47	2.789.091,07
IR	-	(52.147,86)	(176.467,47)	(371.791,12)	(697.272,77)
CSLL	-	(18.773,23)	(63.528,29)	(133.844,80)	(251.018,20)
LUCRO ANUAL	$ (1.082.519,10)	$ 91.764,32	$ 465.874,12	$ 981.528,55	$ 1.840.800,11

> Os resultados anuais completos do negócio são apresentados em uma única planilha consolidada anualmente. Note que não foram apresentados Fluxo de Caixa e Balanço. No caso do FC, a justificativa é que a simulação foi feita de forma que a empresa tenha todas as contas a pagar e a receber sempre à vista. Isso é prático, mas não é real. Serve apenas para se ter uma ordem de grandeza, como ocorreu aqui. No caso do Balanço, como o negócio está em fase inicial, não é tão crítico. Porém, negócios já existentes precisam apresentar seu histórico contábil e todos os demonstrativos! (pergunta "D").

> **Obs.:** Note que os resultados foram apresentados apenas ano a ano, já que nos anexos e na planilha que acompanha o PN os detalhamentos mensais poderão ser analisados por completo.

Exemplo da seção Finanças

O gráfico de exposição do caixa é obtido da tabela anterior (detalhada mensalmente):

O gráfico de exposição do caixa é a principal informação que deve ser apresentada na seção Finanças. Note que a partir deste gráfico obtém-se o valor do investimento inicial, a máxima necessidade de recursos para o negócio e quando isso ocorrerá, o prazo para o primeiro fluxo de caixa positivo e ainda quando ocorrerá o equilíbrio financeiro do negócio ou o retorno do investimento. (perguntas "A" e "E": os usos dos recursos foram detalhados nas planilhas de custos, investimentos, despesas e funcionários. Já a fonte será provavelmente investidores-anjos).

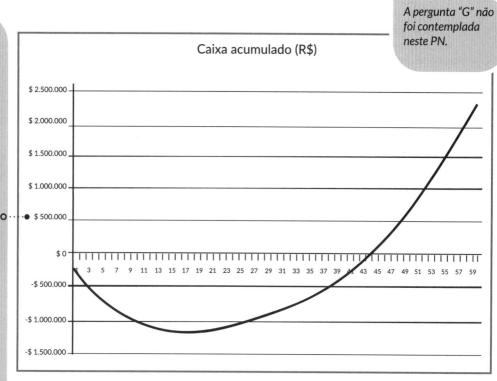

A pergunta "G" não foi contemplada neste PN.

A partir do gráfico de exposição do caixa obtém-se o investimento inicial (no mês 1, cerca de R$ 150mil, já que não se considerou investimento pré-operacional), a máxima necessidade de investimento (R$ 1.128.425), a data do primeiro fluxo de caixa positivo (mês 16), e quando ocorrerá o retorno do investimento (meses 43/44). Considerando-se uma taxa de desconto de 13%, obtém-se o VPL (R$ 1.037.859). A TIR após 5 anos é de 42%. Aos investidores interessados, os sócios do Tourbr oferecem 52% de participação no negócio pelo aporte de R$ 1.128.425 ao longo dos primeiros 15 meses do negócio. Os valores de *pre-money* e *post-money valuation* (valoração/valor do negócio antes e após o aporte) são de R$ 1.037.859,94 e R$ 2.166.285,07 respectivamente.

Geralmente, os investidores de risco e anjos ficam com menos de 50% do negócio no aporte inicial, mas é claro que sempre vão querer mais! Porém, a taxa de desconto considerada neste cenário (13%) é considerada baixa para a maioria dos investidores, o que valoriza ainda mais o aporte de recursos vindos desta fonte. Aqui, optou-se por apresentar com clareza o que se pede e qual contrapartida oferecida aos investidores (52% do negócio), mas por motivos estratégicos a contrapartida poderia ter sido omitida (perguntas "E" e "F").

Agora, descreva a seção Finanças do seu negócio.

Finanças:

Inclua aqui a descrição da seção Finanças do seu plano de negócios. Procure limitar a descrição a 3 ou 4 páginas. Lembre-se que a seção Finanças é a conclusão do PN e deve refletir em números todas as demais seções desenvolvidas anteriormente. Não deixe informações sem explicação nesta seção, pois o objetivo é facilitar o entendimento do leitor e não o contrário. Use sempre uma planilha para detalhar as informações e anexe os demonstrativos completos ao PN.

Anote aqui informações adicionais que você julga importantes e que ainda não decidiu se serão incluídas no corpo ou nos anexos do plano (essa anotação será útil para ajudá-lo a revisar o plano de negócios após ser concluído:

Suas anotações:

Cap. 3 ■ Desenvolvendo um plano de negócios eficaz

Finanças:

Procure explicar cada tabela apresentada, mesmo que objetivamente, evitando assim que os números fiquem "soltos" no PN.

Anote aqui informações adicionais que você julga importantes e que ainda não decidiu se serão incluídas no corpo ou nos anexos do plano (essa anotação será útil para ajudá-lo a revisar o plano de negócios após ser concluído):

Suas anotações:

Finanças:

Não se esqueça de incluir uma planilha com os resultados consolidados do negócio e o gráfico de exposição do caixa, do qual você obtém as principais informações financeiras do negócio.

Anote aqui informações adicionais que você julga importantes e que ainda não decidiu se serão incluídas no corpo ou nos anexos do plano (essa anotação será útil para ajudá-lo a revisar o plano de negócios após ser concluído):

Suas anotações:

Cap. 3 ■ *Desenvolvendo um plano de negócios eficaz*

Finanças:

Se o seu plano de negócios tiver como foco a apresentação a investidores, cabe apresentar informações como valor da empresa, necessidade de aporte, contrapartida oferecida ao investidor (o que você oferecerá ao investidor em troca do investimento?), condições do aporte etc. Porém, se não for esse o seu objetivo, não há porque apresentar tais informações. Lembre-se que o PN deve ser feito de acordo com o público-alvo que vai lê-lo.

Anote aqui informações adicionais que você julga importantes e que ainda não decidiu se serão incluídas no corpo ou nos anexos do plano (essa anotação será útil para ajudá-lo a revisar o plano de negócios após ser concluído):

Suas anotações:

A seção Sumário executivo (SE) é o plano de negócios enxuto, ou seja, uma síntese ou miniatura do plano completo. Tem o objetivo de apresentar em poucas páginas (1 a 2) tudo o que será visto em mais detalhes à frente. Trata-se do cartão de visitas do empreendedor, pois é através do SE que os primeiros interlocutores tomam contato com o que é o negócio e, caso o SE os chame a atenção, provavelmente buscarão ler o PN completo.

9. Sumário executivo

O Sumário executivo é utilizado como um chamariz, já que é uma apresentação sintetizada do plano completo. Por isso, deve ser escrito com atenção e com enfoque na venda do conceito de negócio, mostrando seu potencial de retorno e eventuais contrapartidas a parceiros/investidores interessados na empresa. Alguns detalhes que não podem ser esquecidos pelo empreendedor ao elaborar um SE são apresentados a seguir.

- Trata-se da seção mais importante do plano de negócios.
- Deve ser feito por último, já que necessita do conteúdo das demais seções do PN para ser escrito.
- Deve ser apresentado no início do plano de negócios, já que deve ser a primeira seção a ser lida.
- Deve responder às perguntas: *O quê? Quanto? Onde? Como? Por quê? Quando?* Estas são perguntas que geralmente buscam respostas como "o negócio é...", "a empresa atua nos mercados...", "nossa estratégia será...", "os investimentos necessários são de...", "estamos buscando tais recursos com os fundos...", "a empresa precisará desse aporte até o mês...", "o investimento será retornado ao investidor em..."

O Sumário executivo mostra:

A. Quem você é (O que é o negócio e o seu modelo de negócio? Quem está envolvido no negócio? Porque você e sua equipe são especiais para esse negócio?)

B. Qual é sua estratégia/visão (Como você pretende desenvolver a empresa e onde quer chegar?)

C. Qual é seu mercado (Qual é a oportunidade de negócio? Qual o mercado-alvo e por que se mostra promissor?)

D. Quanto de investimento você precisa e o que fará com ele (Qual o investimento, como será usado e quando será necessário?)

E. Quais são suas vantagens competitivas (Quais os diferenciais da sua empresa?)

+ informação

- Em www.josedornelas.com.br *você pode encontrar diversos planos de negócios, incluindo vários exemplos da seção SE.*

- *No livro* Empreendedorismo: transformando ideias em negócios, *você encontra referencial teórico completo sobre esta seção do plano de negócios.*

- *No livro* Plano de negócios – exemplos práticos, *você encontra três exemplos de SE para empresas atuando em diversos setores.*

9. Sumário executivo

O Sumário executivo não é:

- Um simples resumo do PN. (Note que uma síntese bem elaborada, destacando as principais seções do PN, é mais contundente que um simples resumo.)
- Uma introdução. (Não se trata da apresentação prévia do PN, mas de um PN enxuto.)
- Um prefácio. (Não se trata de um texto extra, mas de um texto que mostra em poucas páginas o que será encontrado em detalhes à frente.)
- Uma coletânea de *highlights*. (Não se trata de um conjunto de cópias de partes do texto completo do PN; o texto do SE deve ser original e objetivo, podendo até aproveitar partes específicas do PN completo, mas de maneira que passe o recado em poucas linhas.)

Uma possível maneira de se estruturar o SE é apresentada a seguir.

1. O Conceito do negócio e a Oportunidade
   Seu texto enxuto (poucas linhas)
2. Mercado e competidores
   Seu texto enxuto (poucas linhas)
3. Equipe de gestão
   Seu texto enxuto (poucas linhas)
4. Produtos/Serviços e Vantagens Competitivas
   Seu texto enxuto (poucas linhas)
5. Estrutura e operações
   Seu texto enxuto (poucas linhas)
6. Marketing e Projeção de Vendas
   Seu texto enxuto (poucas linhas)
7. Estratégia de crescimento
   Seu texto enxuto (poucas linhas)
8. Finanças
   Seu texto enxuto (poucas linhas)
9. Condições para aporte de recursos (necessidades/contrapartidas)
   Seu texto enxuto (poucas linhas)

Dica: Só pense no desenvolvimento do Sumário executivo após concluir o PN, pois caso contrário você poderá ser induzido a cometer erros. Procure limitar o tamanho do SE a 1 ou 2 páginas. Você pode ainda criar um SE estendido de até 5 páginas, incluindo algumas tabelas e gráficos da projeção financeira, obtendo assim um terceiro documento (além do PN completo e do SE) que pode ser útil na apresentação do negócio aos seus interlocutores.

Atenção: Lembre-se que o SE é o primeiro texto que será lido no seu PN. Revise o SE várias vezes antes de concluir que se trata da versão final. Tudo o que for citado no SE deve necessariamente estar contido no PN completo, já que o SE é uma síntese e não apresentará nada de novo em relação ao que já foi desenvolvido por você no PN.

Exemplo da seção Sumário executivo

1. O Conceito do negócio e a Oportunidade

O primeiro parágrafo é dos mais importantes, pois precisa apresentar a empresa e a oportunidade, ou seja, precisa dizer porque o negócio tem potencial de sucesso (pergunta "A").

O Tourbr é um aplicativo/*site* voltado ao turista estrangeiro (inicialmente de língua inglesa) interessado no Brasil. Devido as perspectivas de retomada do turismo mundial no pós-pandemia, o turismo receptivo internacional deverá crescer consideravelmente, apresentando oportunidades para negócios que assessorem o turista estrangeiro no planejamento, execução e retorno de sua viagem ao país de origem. Os principais serviços aos usuários finais do Tourbr (turistas) serão gratuitos e o modelo de negócio envolve o faturamento com assinaturas (estabelecimentos que prestam serviços turísticos), publicidade, venda de relatórios de mercado e *e-commerce* de suvenires nacionais.

2. Mercado e competidores

De acordo com o WTTC (Conselho Mundial de Turismo e Viagens), as perspectivas mundiais e para o Brasil são de crescimento do turismo no pós-pandemia, com o setor retomando patamares de 2019 já a partir de 2024. Os principais competidores no mercado de informação turística *on-line* são grandes empresas com presença mundial, mas há espaço para negócios de nicho, como é o caso do Tourbr, que deverá atingir mais de 3,5 milhões de visitas no seu quinto ano de operação.

Não há necessidade de citar todas as pesquisas de mercado, mas pelo menos uma informação relevante que chame a atenção para o tamanho da oportunidade! (pergunta "C").

3. Equipe de gestão

Mais importante que citar o nome dos sócios no SE é mostrar sua experiência e que a empresa conta com demais executivos/conselheiros que agregam valor à gestão (pergunta "A").

O negócio possui dois sócios com 50% de participação na empresa. Tratam-se de executivos experientes com conhecimento do setor e de gestão de negócios em vários estágios de maturidade. Além dos sócios, dois executivos de mercado complementarão a equipe, bem como quatro conselheiros com experiências diversas em vários setores e negócios, contribuindo para a construção e execução da estratégia de negócio do Tourbr.

4. Produtos/Serviços e Vantagens Competitivas

Os serviços proporcionados pelo Tourbr terão o diferencial de qualidade superior e abrangência. No primeiro ano da operação o foco serão as 10 principais cidades turísticas do país, e já a partir do segundo ano todas as 65 principais localidades do Brasil (de acordo com o Ministério do Turismo) terão um mapeamento completo de atividades turísticas, locais de hospedagem, alimentação, pontos de interesse, entre outros, voltados ao turista de língua inglesa. O objetivo é ser o principal *site* com informações completas em inglês e de qualidade sobre o Brasil.

Dizer qual é o diferencial do negócio em poucas linhas é o desafio desta passagem. Você não precisa detalhar todos os produtos/serviços no SE (pergunta "E").

Cap. 3 ■ Desenvolvendo um plano de negócios eficaz

Exemplo da seção Sumário executivo

5. Estrutura e operações

O negócio tem sede em São Paulo e conta com toda a infraestrutura tecnológica e de gestão para sua operacionalização. Os processos de negócios foram desenvolvidos de maneira a manter uma equipe enxuta focada nas principais atividades-fim da empresa (partindo de 10 funcionários no primeiro ano e chegando a 18 no quinto ano) e com a terceirização de atividades de suporte, tais como desenvolvimento *web* e telemarketing.

> *Seguindo o que já ocorreu no PN completo, não há necessidade de se entrar em detalhes nesta passagem, mas cabe mencionar que os processos de negócio foram pensados e estruturados adequadamente.*

6. Marketing e Projeção de Vendas

A estratégia de marketing é baseada na obtenção de usuários para o aplicativo/*site* atraídos por palavras-chave patrocinadas no Google. O cadastro será gratuito e os turistas serão estimulados a contribuir com a comunidade do Tourbr, avaliando e sugerindo atrações turísticas. Com isso, o *site* atingirá 800 mil acessos já no primeiro ano e ultrapassará os 3,5 milhões de acessos no quinto ano, proporcionando receita substancial com publicidade. Outro componente-chave da estratégia é a cobrança de assinaturas de estabelecimentos turísticos para aparecerem com destaque no *site*, os quais serão captados principalmente via telemarketing ativo. O negócio deverá faturar cerca de R$ 700 mil no primeiro ano, chegando a mais de R$ 6 milhões no quinto ano da operação.

> *Uma alternativa aqui seria você colocar uma tabela com a projeção de vendas ano a ano, além do texto escrito, lembrando da limitação de espaço do SE (pergunta "B").*

7. Estratégia de crescimento

A Estratégia de crescimento da empresa prevê investimento considerável de recursos financeiros em publicidade *on-line* (principalmente Google Adwords), no desenvolvimento de serviços de excelência, e na busca de aporte de capital em estágios de investimento, preterindo o resultado operacional positivo nos dois primeiros anos com vistas ao crescimento acelerado.

> *Aqui, poderiam ter sido apresentados os objetivos estratégicos do negócio (pergunta "B").*

8. Finanças

O investimento necessário para operacionalizar o Tourbr é R$ 1.128.425 e o primeiro fluxo de caixa positivo ocorrerá no mês 16. O retorno do investimento ocorrerá entre os meses 43 e 44. O VPL é de R$ 1.037.859 para uma taxa de desconto de 13%, e a TIR após 5 anos é de 42%.

> *Note que a seção de finanças no SE é objetiva e mostra os números essenciais. Você poderia ainda incluir o gráfico de exposição de caixa, que ajudaria a ter uma ideia mais clara sobre as projeções financeiras do negócio. (pergunta "D" parcialmente respondida, pois não mostrou como o recurso será usado!)*

Exemplo da seção Sumário executivo

9. Condições para aporte de recursos (necessidades/contrapartidas)

Aos investidores interessados, os sócios do Tourbr oferecem 52% de participação no negócio pelo aporte de R$ 1.128.425 ao longo dos primeiros 15 meses do negócio. Os valores de *pre-money* e *post-money valuation* são de R$ 1.037.859,94 e R$ 2.166.285,07 respectivamente.

> *Esta passagem é opcional e você poderia omiti-la caso queira tratar do tema apenas pessoalmente com eventuais investidores. Caso sua empresa não busque investimento, não há necessidade de apresentar este item. Note ainda que o texto foi aproveitado do PN completo, mas você poderia escrever a mesma informação com uma passagem original, como ocorreu para as seções anteriores.*

Cap. 3 ■ *Desenvolvendo um plano de negócios eficaz* **105**

Agora, descreva a seção Sumário executivo do seu negócio.

Sumário executivo:

Anote aqui informações adicionais que você julga importantes e que ainda não decidiu se serão incluídas no SE.

Procure limitar a descrição em 1 a 2 páginas e prefira descrever uma síntese de cada seção ao invés de um texto corrido. Ao apresentar as várias seções como subtópicos no SE, você facilita a leitura do texto. Este é o objetivo principal do SE: levar o leitor a compreender a mensagem em poucos minutos e se interessar pelo PN completo.

Suas anotações:

Sumário executivo:

Lembre-se que após concluir o SE você deve inseri-lo no início do plano de negócios, já que é o primeiro texto a ser apresentado no PN, mesmo tendo sido editado por último!

Anote aqui informações adicionais que você julga importantes e que ainda não decidiu se serão incluídas no SE.

Suas anotações:

Cap. 3 ■ Desenvolvendo um plano de negócios eficaz

Após concluir o texto do Sumário executivo, você precisa montar o quebra-cabeça final e empacotar o seu PN de maneira que se torne um documento prático e de fácil distribuição. Atente para algumas recomendações finais importantes.

Concluindo o plano de negócios	+ informação

Os documentos e produtos que você obterá ao final do processo de desenvolvimento do plano de negócios são:
 	
1. O plano de negócios completo, incluindo todas as seções e iniciando pelo Sumário executivo, bem como contendo os anexos citados ao longo do plano de negócios completo. (*No caso do Tourbr os anexos não serão apresentados no livro por motivos de praticidade!*)
2. Um documento apenas com o texto do Sumário executivo (1 a 2 páginas).
3. Uma apresentação em *slides*/lâminas para ser feita a eventuais interlocutores de acordo com o tempo que lhe for proporcionado. Procure criar uma apresentação completa e, então, a partir desta, você poderá obter as seguintes versões:
   a. Uma apresentação para ser feita em até 15 minutos (no máximo 10 a 15 *slides*).
   b. Uma apresentação para ser feita em 30 minutos.
   c. Uma apresentação completa, sem limite de tempo e que reflita o conteúdo do PN escrito.
4. Um documento apenas com o texto do Sumário executivo estendido: incluindo o SE original mais algumas tabelas selecionadas da seção financeira (procure limitar a no máximo 5 páginas).
5. A planilha eletrônica que contém todas as premissas e demais informações financeiras do seu PN.
 	
Algumas sugestões importantes:
 	
■ Não se esqueça de concluir o PN de maneira profissional, incluindo capa, sumário (paginação das principais seções) e anexos.
■ A capa do PN deve conter informações essenciais, tais como: nome da empresa, nome do responsável, *site/e-mail*/telefone e demais dados de contato e número da cópia do PN, caso você esteja distribuindo o conteúdo a mais de um interessado e deseja manter o controle de versões.
■ Você pode incluir informação de confidencialidade no PN, mostrando ao leitor que não é permitida a reprodução/distribuição sem prévio consentimento dos autores do plano.
	■ Em **www.josedornelas.com.br**, você pode encontrar a apresentação completa em slides/lâminas desenvolvida para o Tourbr, o conteúdo completo do plano escrito e, ainda, um exemplo de SE estendido.
	
	■ *Também em www.josedornelas.com.br*, você encontra um exemplo de termo de confidencialidade utilizado para apresentação do PN a investidores/interlocutores interessados.

Concluindo o plano de negócios

Você pode solicitar que seja assinado um termo de confidencialidade antes de apresentar o PN a eventuais investidores ou demais interessados, mas alguns investidores não assinam tais termos e, se for este o caso, farão você saber. Caso isso ocorra, você pode enviar apenas um SE com informações genéricas, sem mencionar dados confidenciais para tentar atrair a atenção do investidor/interessado, se você julgar essencial a apresentação do PN a este interlocutor.

- Revise o PN final mais de uma vez e solicite a pessoas de confiança, que não participaram de sua confecção, para também fazê-lo: consultores, professores, executivos e outros empreendedores.
- Desenvolva cenários alternativos.
- Seja objetivo e evite excessos: o que não for essencial deve ser incluído em anexo.
- Use gráficos e tabelas em seu PN, pois facilitam o entendimento do leitor.
- Desenvolva a sua própria planilha. Você pode partir da planilha exemplo do Tourbr ou das planilhas disponíveis em www.josedornelas.com.br e criar a sua. Evite usar *softwares* de escrita de PN que não permitem customização de estrutura, texto e premissas, pois dificultarão ainda mais o seu trabalho.
- Referencie todos os dados citados no PN que foram obtidos de outras fontes. Você pode referenciar estes dados no corpo do PN (como foi feito no caso do Tourbr), como notas de rodapé ou ainda ao final do PN. Caso prefira, referencie dados de mercado detalhados na planilha do PN.
- Preocupe-se com a aparência do plano de negócios, afinal o PN é o seu cartão de visitas!
- Caso opte por encadernar o PN, faça-o de maneira que seja de fácil manuseio.
- Faça várias versões do PN para cada público-alvo diferente que você pretende abordar.

Finalmente, caso você opte por enviar um *e-mail* a potenciais investidores com o SE do seu plano de negócios, não se esqueça de criar um pequeno texto introdutório de poucas linhas falando de você e da empresa, mostrando, logo em seguida, no próprio corpo do *e-mail*, o SE. No assunto do *e-mail* você deve inserir palavras que chamem a atenção, como neste exemplo do Tourbr: "oportunidade de investimento em empresa *web* focada do setor de turismo; fat. ano 5 > 6mi; TIR: 42%". O mesmo se aplica caso você for enviar o PN via correios ou entregar em mãos: procure criar uma carta de apresentação sua/da sua empresa.

Dica: Após fazer as apresentações iniciais do PN a investidores/demais interessados é provável que muitas pessoas questionem as premissas e projeções que você utilizou no PN. Não considere as críticas como algo negativo. Aproveite cada sugestão obtida após a apresentação do PN para melhorá-lo e, assim, você terá versões mais factíveis do seu plano de negócios.

Atenção: Não se esqueça de ter uma meta para concluir o seu plano de negócios, caso contrário você poderá se perder na tentativa de criar versões cada vez mais aperfeiçoadas do PN. Lembre-se que o ótimo é inimigo do bom e que, às vezes, é preferível ter um bom PN em mãos que tentar criar o PN ideal, mas que nunca sairá do papel. O próprio PN do Tourbr não é infalível e tem pontos de melhoria, como os comentários já destacaram.

Anexos

1. Integração do modelo de negócio Canvas ao plano de negócios   + informação

Em empreendedorismo, geralmente um projeto inicia-se a partir de uma ideia. Há várias maneiras que você pode utilizar para ter ideias, desde o desenvolvimento da dinâmica do *brainstorming* (atividade geralmente desenvolvida em grupos para estimular a resolução de um problema, estimulando que todos tenham ideias), o estímulo à criatividade, pesquisas na internet etc.

E para saber se a ideia tem potencial econômico, é preciso fazer a análise da oportunidade, como já foi discutido nos capítulos iniciais. Será que a ideia pode dar certo? Será que eu consigo ter um produto que resolva o problema identificado? Será que as pessoas (ou o cliente que defini) vão comprar? Ou seja, são muitas as questões.

A análise estruturada de uma ideia para transformá-la em uma oportunidade existe para facilitar esta decisão. E o modelo de negócio Canvas [1] é uma proposta que tem esse objetivo: analisar uma ideia e conceituar um modelo de negócio para uma empresa a partir dessa ideia. Tudo de forma prática, visual e interativa. Trata-se, portanto, de uma alternativa ao modelo 3M, discutido no Capítulo 3.

O modelo de negócio é a explicação de como sua empresa funciona e cria valor. Há muitas definições que buscam explicar o que significa o termo, mas a essência resume-se em buscar entender como a empresa fará dinheiro, qual será ou é seu modelo de receita e como as várias áreas e processos de negócio se relacionam para atingir o objetivo de fazer com que a empresa funcione, gerando valor aos clientes.

O desenvolvimento de um plano de negócios estruturado ajuda a delinear e entender em detalhes o modelo de negócio de uma empresa. Ao final, o plano de negócios mostrará os custos e despesas do negócio, investimento inicial, máxima necessidade de recursos para colocar a empresa em operação, a Estratégia de crescimento e de Marketing e vendas, bem como a projeção de receita e lucro para os próximos anos.

Para se concluir um plano de negócios, o empreendedor pode levar semanas ou até meses. Porém, quando concluído, o resultado nem sempre é considerado uma fotografia real do que é ou será o negócio. A ajuda principal do plano de negócios é proporcionar um norte ao empreendedor e, com isso, faz com que a gestão de sua empresa tenha métricas para acompanhar adequadamente seu crescimento. Assim, o plano de negócios se justifica em casos onde o empreendedor tem um objetivo claro a atingir.

Mais recentemente, com o intuito de focar em algo mais prático e rápido, conceitos como modelo de negócio Canvas e *lean startup* (empresa iniciante enxuta) têm se popularizado, principalmente no mercado de tecnologia da informação, internet e áreas correlatas. O *lean startup* foca na prototipação e experimentação e propõe uma abordagem prática e rápida para testar um conceito, produto/serviço, analisar os resultados, fazer as devidas melhorias ou adaptações e lançar uma nova versão no mercado.

- *No livro* Plano de negócios com o modelo Canvas, *você encontra três exemplos completos da integração do Canvas ao plano de negócios comentados em detalhes, incluindo, ainda, as pesquisas de mercado primárias que foram realizadas para cada projeto e os resultados obtidos.*

1. Integração do modelo de negócio Canvas ao plano de negócios

O especialista Steve Blank tem sido um defensor e evangelizador deste conceito, explicado em detalhes em seus livros [2, 3]. Seu mantra resume-se em não dar tanta atenção à análise de mercado, projeções financeiras e de crescimento. Ao contrário, ele sugere que o empreendedor deva "sair do prédio", ou seja, que o empreendedor vá para a rua sentir na prática a reação do cliente em relação ao seu produto ou serviço. Com base no *feedback* do cliente, novos ciclos de prototipação podem ser iniciados até que se chegue a um produto considerado adequado pelo empreendedor - ou melhor, pelo seu cliente.

Na verdade, essa abordagem também é sugerida quando se discute o plano de negócios. O empreendedor entenderá melhor o seu mercado caso consiga fazer um teste real junto ao cliente. Porém, isso não é possível para todo tipo de negócio. A alternativa, nesses casos, é a realização de uma pesquisa junto ao público-alvo primário do negócio. Com isso, é possível validar muitas das premissas discutidas na fase de *brainstorming* e mesmo na de análise da oportunidade, sem que seja necessário criar um protótipo inicial.

O conceito de *lean startup* não é novo, mas ficou ainda mais popular no mundo das *startups* a partir da disseminação do modelo de negócio Canvas. A proposta do modelo de negócio Canvas casa como uma luva com o de *lean startup*, pois apresenta uma representação esquemática visual, em blocos, que resume os principais componentes do modelo de negócio de uma empresa.

Como é algo prático de se fazer, o empreendedor consegue criar um modelo de negócio através deste esquema em uma única folha de papel. Aí ele pode testar o conceito, discutir com outros membros da equipe, com clientes etc. e o modelo de negócio começa então a evoluir, com novas versões do Canvas. Essa foi a ideia de Steve Blank ao contribuir para disseminar o modelo de negócio Canvas como uma ferramenta para aceleração de *startups*.

Porém, o modelo de negócio Canvas foi criado e proposto originalmente por Alexander Osterwalder e Yves Pigneur. A tese que defende Steve Blank é de que uma *startup* está em busca de um modelo de negócio sustentável e replicável e, por isso, precisa criar protótipos, testar hipóteses, "dar a cara para bater" para, então, começar a crescer. Já empresas maiores buscam executar modelos de negócios comprovados. Assim, ele sugere que, nos casos das empresas iniciantes, não se dê tanta atenção ao plano de negócios e priorize o Canvas.

O Canvas pode ajudar muito o empreendedor na fase de análise da oportunidade, uma etapa importante do processo empreendedor e que ocorre antes do plano de negócios, como foi discutido no Capítulo 3. Se o empreendedor aplicar o Canvas e complementar a análise com uma pesquisa de mercado primária, ele terá informações bastante completas para decidir se segue em frente com ou sem um plano de negócios estruturado, ou seja, se coloca a empresa para funcionar testando suas hipóteses ou se analisa com mais cuidado e critérios a viabilidade do negócio através de um plano de negócios.

1. Integração do modelo de negócio Canvas ao plano de negócios

Como a maioria dos negócios ainda demanda uma análise mais criteriosa e cuidadosa de sua viabilidade antes de colocar a empresa para funcionar, a ideia de integrar o Canvas ao plano de negócios proporciona uma abordagem prática e simples de ser utilizada por aqueles interessados em criar novos negócios. A figura a seguir exemplifica esta integração. Trata-se de uma maneira estruturada de interpretação do processo empreendedor.

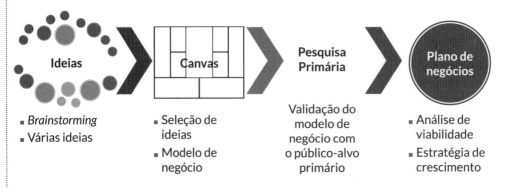

Ultimamente, o mercado já vem exigindo do empreendedor planos de negócios mais enxutos e objetivos, mas com a parte financeira mais completa, ou seja, com um modelo de negócio exequível e compreensível. A integração do Canvas com o plano de negócios pode ser uma alternativa para se obter rapidamente planos de negócios simples e completos.

Notas

1. Osterwalder, Alexander; Pigneur, Yves. **Business model generation**: a handbook for visionaries, game changers, and challengers. New Jersey: John Wiley and Sons, 2010.
2. Blank, Steve Gary. **The four steps to the epiphany**: successful strategies for products that win. 4. ed. 2007.
3. Blank, Steve Gary; Dorf, Bob. **The startup owner's manual**: the step-by-step guide for building a great company. California: K&S Ranch Press, 2012.

■ Anexos

2. Modelo de negócio Canvas

A figura a seguir apresenta o Canvas com seus nove blocos integrados [1]. A ideia é que o empreendedor responda de maneira objetiva às perguntas de cada bloco, iniciando por sua proposta de valor ou pelos segmentos de clientes e, então, responda às questões dos demais blocos do lado direito: canais e relacionamentos. Em seguida, devem ser preenchidos os blocos atividades, parceiros e recursos-chave e, finalmente, os blocos de receitas e custos.

A maneira sugerida para aplicar o Canvas é a utilização de blocos de *post-it* para "colar" as respostas no quadro, no lugar das perguntas que constam na figura do Canvas. Assim, o modelo de negócio vai sendo construído visualmente de maneira cíclica, ou seja, o próprio modelo de negócio evolui a partir de uma concepção simples, que seria o protótipo ou modelo inicial.

Ao concluir o Canvas, o empreendedor terá uma análise de oportunidade em mãos e poderá, então, fazer a pesquisa primária junto ao público-alvo do negócio. Em seguida, estará preparado para desenvolver o plano de negócios da empresa.

Nota

1. Osterwalder, Alexander; Pigneur, Yves. **Business model generation:** a handbook for visionaries, game changers, and challengers. New Jersey: John Wiley and Sons, 2010.

+ informação

- Em *www.josedornelas.com.br*, você encontra vídeos explicando como desenvolver o Canvas de vários negócios distintos, explicados passo a passo.

PARCEIROS-CHAVE	ATIVIDADES-CHAVE	PROPOSTAS DE VALOR	RELACIONAMENTOS COM OS CLIENTES	SEGMENTOS DE CLIENTES
Quem são seus parceiros-chave? Quem são seus fornecedores-chave? Quais recursos-chave adquirimos de nossos parceiros? Quais atividades nossos parceiros realizam?	Quais atividades-chave nossa proposta de valor requer? Quais são nosso canais de distribuição? Como é o relacionamento com o cliente? Quais são as fontes de receita?	Que valores entregamos aos nossos clientes? Quais problemas dos nossos clientes ajudamos a resolver? Que categorias de Produtos e serviços oferecemos a cada segmento de clientes? Quais necessidades dos clientes nós satisfazemos? O que/qual é o nosso mínimo produto viável?	Como nós conquistamos, mantemos e aumentamos nossos clientes? Quais relacionamentos com o cliente nós definimos/temos? Como esses relacionamentos estão integrados no nosso modelo de negócio? Qual o custo envolvido?	Para quem nós criamos valor? Quem são nossos clientes mais importantes? Quais são nossos Clientes típicos/padrão?
	RECURSOS-CHAVE Quais recursos-chave nossa proposta de valor requer? Canais, relacionamentos, modelo de receita?		**CANAIS** Através de quais canais nossos segmentos de clientes querem ser alcançados? Como outras empresas chegam até eles hoje? Quais canais funcionam melhor? Quais canais são mais eficientes em custo? Como promovemos a integração dos canais com a rotina dos clientes?	

ESTRUTURA DE CUSTOS	FONTES DE RECEITA
Quais são os custos mais importantes de nosso modelo de negócio? Quais recursos-chave são os mais caros? Quais atividades-chave são as mais caras?	Para qual proposta de valor nossos clientes estão dispostos a pagar? O que eles estão comprando/pagando hoje? Qual é nosso modelo de receita? Quais são nossas políticas de preços?

3. Pesquisa de mercado primária

A pesquisa de mercado primária tem o objetivo de validar hipóteses junto ao público-alvo primário, ou seja, o seu cliente alvo principal. Após obter o Canvas, nem sempre o empreendedor consegue validar todas as hipóteses do modelo de negócio criando protótipos e testando os conceitos com os clientes-chave (seguindo a ideia de ir para a rua, como prega o especialista Steve Blank).

Por isso, o empreendedor e sua equipe devem estruturar um instrumento de coleta de dados (questionário) objetivo e com poucas perguntas (sugere-se de 10 a 15, no máximo), evitando deixar possibilidades de respostas abertas e subjetivas, pois podem ser de difícil interpretação.

O ideal é que as perguntas sugiram alternativas de múltipla escolha as quais podem ser comparadas após a coleta ser concluída. Outra informação importante é obter dados de checagem do respondente, caso ele esteja disposto a fornecer tais informações. Por exemplo: *e-mail*, profissão ou outras informações relevantes, caso sejam de fato necessárias.

Finalmente, um dado importante a ser levantado e que nem sempre a maioria dos empreendedores consegue obter é a classe social do respondente ou seus dados demográficos. Evite questões diretas como "Qual a sua renda mensal?". Há maneiras indiretas de se obter tais informações, como, por exemplo, perguntar a faixa de renda.

Além da preocupação com o desenvolvimento do questionário, o empreendedor deverá seguir um processo simples, mas eficaz para concluir sua pesquisa:

A) Definir o tamanho da amostra

Esta etapa é importante e definirá qual a quantidade de respondentes deverá participar da pesquisa para que esta tenha validade adequada na análise. De maneira prática, caso o empreendedor aceite uma margem de erro de mais ou menos 5 a 10%, na maioria dos casos, cerca de 100 a 150 respondentes já seriam suficientes para validar as premissas das pesquisas.

É claro que, para uma definição mais precisa, deve-se aplicar cálculos estatísticos mais detalhados, analisar se o público é homogêneo ou heterogêneo em termos de comportamento, estilo de vida etc. Esses detalhes influenciam, e muito, nas análises.

Nos exemplos de pesquisa primária disponíveis em www.josedornelas.com.br, essa foi a abordagem adotada pelas equipes que as desenvolveram, ou seja, no mínimo 100 respondentes participaram da pesquisa primária. Para saber mais detalhes sobre a definição de tamanho de amostra da pesquisa primária acesse a seção de download em www.josedornelas.com.br para conhecer uma apresentação detalhada.

+ informação

- Em *www.josedornelas.com.br*, você encontra referencial teórico sobre *como elaborar uma pesquisa de mercado primária e exemplos de formulários desenvolvidos para imediata aplicação.*

3. Pesquisa de mercado primária

B) Validar o questionário

Deve-se validar o questionário construído junto a uma parcela do público que será pesquisado. A ideia é testar se o questionário está adequado e as pessoas conseguem entender e responder facilmente às questões.

Geralmente, este teste é feito com um pequeno percentual dos possíveis respondentes (por exemplo, 5 a 10%). A partir do retorno das respostas, o empreendedor e sua equipe poderão fazer mudanças no questionário antes de aplicá-lo à totalidade do público-alvo selecionado.

C) Aplicar o questionário

Deve-se então aplicar o questionário validado junto ao público-alvo e coletar os dados. Há vários *sites* especializados que podem auxiliar nessa tarefa: Google Docs, Surveymonkey, Enquetefacil etc.

D) Analisar os dados

Finalmente, devem-se analisar os dados obtidos e tomar decisões estratégicas de crescimento a partir dos mesmos na construção do plano de negócios da empresa.

4. Canvas do Tourbr

A seguir, apresenta-se o modelo de negócio Canvas para o Tourbr. Note que, para se chegar a essa versão final, normalmente várias versões intermediárias são feitas. Isso porque o Canvas é feito com muita interatividade. Assim, a sua versão do Canvas do Tourbr pode ser diferente da apresenta aqui e não necessariamente comprometerá o resultado da análise de oportunidade para o negócio Tourbr.

Plano de Negócios – *seu guia definitivo* | **José Dornelas**

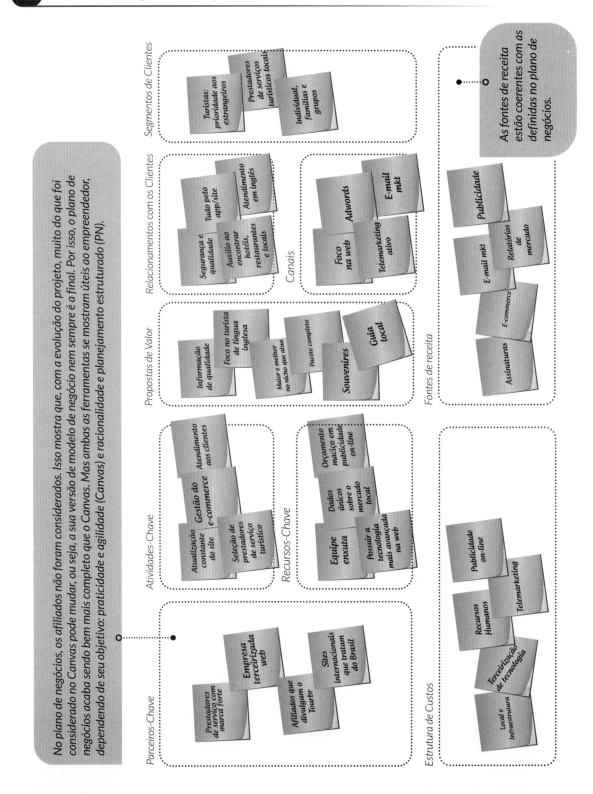